ACCESO GRATIS *a la Lectura en la Nube*

Para visualizar el libro electrónico en la nube de lectura envíe junto a su nombre y apellidos una fotografía del código de barras situado en la contraportada del libro y otra del ticket de compra a la dirección:

ebooktirant@tirant.com

En un máximo de 72 horas laborales le enviaremos el código de acceso con sus instrucciones.

EL EJERCICIO DEL DERECHO AL VOTO DE LOS CIUDADANOS EXTRACOMUNITARIOS EN ESPAÑA. INCIDENCIA EN LA ADMINISTRACIÓN LOCAL

EL EJERCICIO DEL DERECHO AL VOTO DE LOS CIUDADANOS EXTRACOMUNITARIOS EN ESPAÑA. INCIDENCIA EN LA ADMINISTRACIÓN LOCAL

Alfonso Ortega Giménez
Lerdys Saray Heredia Sánchez

tirant lo blanch
Valencia, 2024

Directora de colección
CAROLINA DEL CARMEN CASTILLO MARTÍNEZ

© Alfonso Ortega Giménez
Lerdys Saray Heredia Sánchez

© TIRANT LO BLANCH
EDITA: TIRANT LO BLANCH
C/ Artes Gráficas, 14 - 46010 - Valencia
TELFS.: 96/361 00 48 - 50
FAX: 96/369 41 51
Email: tlb@tirant.com
www.tirant.com
Librería virtual: www.tirant.es
DEPÓSITO LEGAL: V-1363-2024
ISBN: 978-84-1056-970-6
MAQUETA: Innovatext

Si tiene alguna queja o sugerencia, envíenos un mail a: *atencioncliente@tirant.com*. En caso de no ser atendida su sugerencia, por favor, lea en *www.tirant.net/index. php/empresa/politicas-de-empresa* nuestro procedimiento de quejas.

Responsabilidad Social Corporativa: http://www.tirant.net/Docs/RSCTirant.pdf

Índice

Nota sobre los autores

ALFONSO ORTEGA GIMENEZ. Es **Doctor Honoris Causa** por la Universidad Autónoma San Sebastián de San Lorenzo-UASS, en la ciudad de San Lorenzo (Paraguay), a 6 de diciembre de 2022; **Doctor Honoris Causa** por la Universidad Autónoma San Sebastián de San Lorenzo (Paraguay, 2022) y por el Instituto Interamericano de Investigación y Docencia en Derechos Humanos, en la Universidad Juárez Autónoma de Tabasco (México, 2021); **Doctor en Derecho**, 2014 (Calificación: Sobresaliente *Cum Laude* por unanimidad); Premio extraordinario de Doctorado, 2018; Licenciado en Derecho, 2000; y, **Master en Comercio Internacional** también por la Universidad de Alicante, 2001.

Profesor Titular de Derecho internacional privado de la Universidad Miguel Hernández de Elche. Director del Observatorio Provincial de la Inmigración de Alicante. Vicedecano de Grado en Derecho de la Facultad de Ciencias Sociales y Jurídicas de Elche. Director del Máster Universitario en Abogacía de la Universidad Miguel Hernández (UMH) de Elche, desde el curso académico 2021/2022. Director de la Cátedra de Relaciones Privadas Internacionales UMH-ICAO de la Universidad Miguel Hernández de Elche, desde marzo de 2022. También es **Magistrado Suplente de la Audiencia Provincial de Castellón** (según Acuerdo de 11 de agosto de 2022, de la Comisión Permanente del Consejo General del Poder Judicial, por el que se resuelve el concurso para provisión de plazas de Magistrado/a suplente y de Juez/a sustituto/a en el año 2022/2023, en el ámbito de los Tribunales Superiores de Justicia de Andalucía, Ceuta y Melilla, Aragón, Principado de Asturias, Illes Balears, Canarias, Cantabria, Castilla y León, Castilla-La Mancha, Cataluña, Comunidad Valenciana, Extremadura, Galicia, Comunidad de Madrid, Región de Murcia, Comunidad Foral de Navarra, País Vasco y La Rioja, convocado por Acuerdo de 17 de marzo de 2022). Publicado en el BOE número 205, Sección II.A., página 120569, de fecha viernes, 26 de agosto de 2022. **Vocal del Observatorio Valenciano de la Inmigración y Socio-Director de COEX International Trade, *Spin-Off* de la Universidad Miguel Hernández de Elche, que se dedica al Asesoramiento, Consultoría y Formación en Internacionalización de la Empresa y Planificación Jurídica Internacional.**

Es Consultor de Derecho internacional privado de la Universitat Oberta de Catalunya (UOC), desde el segundo semestre del curso académico 2008/2009, y **Consejero académico del despacho de Abogados ARA Y ASOCIADOS, con sede principal en Alicante y oficinas en Murcia, Madrid y Beijing (China) y de la Asesoría GRUPO ASESOR ROS, con sede en Elche.**

Reconocidos dos Sexenios de Investigación correspondientes al tramo 2002-2007 CNEAI (Fecha concesión: 23/10/19), al tramo 2009-2017 CNEAI (Fecha concesión: 21/06/18) y al tramo 2010-2016. AVAP (Fecha concesión: 18/01/18).

Miembro de la Asociación para la Docencia e Innovación en Derecho (Ludoteca Jurídica), desde julio de 2021. Miembro de la Asociación de Política Exterior Española. Miembro de la Asociación de Derecho del Arte (ADA). Miembro de Número del Capítulo Reino de España, otorgado por la Academia Norte-Americana de Literatura Moderna Internacional y por la Junta Directiva del Estado de New Jersey (EE.UU.). Miembro del ELI (*European Law Institute*). Miembro de la Red Española de Política Social-REPS. Miembro de la Sociedad Latinoamericana de Derecho Internacional-SLADI. Miembro de la Asociación Americana de Derecho Internacional Privado-ASADIP. Miembro de número de la Asociación Española de Profesores de Derecho Internacional y Relaciones Internacionales-AEPDIRI; Miembro de la Asociación Española para el Fomento de la Seguridad de la Información-ISMS Forum Spain; Ha sido Vicepresidente de la Asociación del Master en Comercio Internacional de la Universidad de Alicante-AMCI hasta julio 2018; Miembro de la Asociación Española para el Estudio del Derecho Europeo-AEDEUR; Miembro de la

Asociación Castellano-Manchega de Sociología-ACMS. Miembro de la Asociación Española de Derecho del Entretenimiento-DENAE. Miembro del Instituto de Derecho Iberoamericano-IDIBE.

Ha recibido numerosos premios en docencia e investigación: Premio UMH al Talento Docente para el año 2023, dentro de la rama académica de CIENCIAS SOCIALES, JURIDICAS Y HUMANIDADES por Resolución Rectoral Nº. 03610/2023, de fecha 04 de diciembre de 2023, según las bases para la concesión de los Premios al Talento Docente en el marco del Programa Docentia-UMH, aprobadas por Consejo de Gobierno de la Universidad Miguel Hernández de Elche en sesión de 25 de enero de 2023, en Elche, a 4 de diciembre de 2023. Certificado de calidad docente EXCELENTE, valoración final obtenida en el proceso de evaluación de las actividades docentes desarrolladas en el periodo curso inicial 2018/2019 – curso final 2021/2022, realizado de acuerdo con los criterios y procedimientos establecidos en el PROGAMA DOCENTIA-UMH, evaluado positivamente por la ANECA, con fecha 27 de febrero de 2013, en la Universidad Miguel Hernández de Elche, a 30 de noviembre de 2023. Visitante Ilustre de la Universidad San Lorenzo (UNISAL), otorgado por el Consejo Académico mediante Resolución N. º 110/2022-CSU, en Paraguay, a 5 de diciembre de 2022. Premio "INSTITUTO VASCO DE DERECHO PROCESAL" de Artículos Doctrinales sobre el fomento del estudio del Derecho Procesal, en su XII Edición por el trabajo inédito titulado "Resolución de problemas de competencia judicial internacional y de determinación de la ley aplicable en materia de derechos reales en España", en San Sebastián (País Vasco), 11 de octubre de 2022. Premio en la convocatoria de "Premios UMH al Talento Docente" para el año 2021, dentro de la rama académica de Ciencias Sociales, Jurídicas y Humanidades, por Resolución Rectoral nº 04858/21, de fecha 23 de noviembre de 2021, en el marco del PROGRAMA DOCENTIA-UMH, aprobadas por el Consejo de Gobierno de la Universidad Miguel Hernández de Elche, en sesión de 14 de diciembre de 2020, en Elche, a 02 de diciembre de 2021. Ganador *ex-aequo* en la categoría "Aula responde" del XVIII del Certamen Innova-Emprende de la Universidad Miguel

Hernández de Elche, en Elche, a 1 de julio de 2021. Premio en el I Certamen de Artículos Jurídicos Breves del Derecho del Entretenimiento y Tecnologías de la información, organizado por la Asociación Española de Derecho del Entretenimiento —DENAE—, por el artículo "Los "contratos inteligentes" (Smart Contracts) ni son "contratos" ni son "inteligentes", en Madrid, a 24 de junio de 2020. Premio "Instituto Vasco de Derecho Procesal" en su IX Edición, por el trabajo "La alegación y prueba del Derecho extranjero tras la nueva Ley de Cooperación Jurídica Internacional", en Donostia-San Sebastián, a 29 de noviembre de 2019. Cruz al Mérito, en virtud de su destacada y meritoria labor académica y científica profesional, acordado por la Junta de Gobierno de la Academia Internacional de Ciencias, Tecnología, Educación y Humanidades, en Valencia, a 9 de noviembre de 2019. Reconocimiento al Mérito Universitario, en virtud de su destacada y meritoria labor académica y científica profesional, acordado por la Junta de Gobierno de la Academia Internacional de Ciencias, Tecnología, Educación y Humanidades, en Valencia, a 9 de noviembre de 2019. Premio a la excelencia en la práctica jurídica de Economist & Jurist, en Madrid, 3 de diciembre de 2018. Premio UMH 2018 a la Productividad Investigadora, otorgado por el Vicerrector de Investigación e Innovación de la Universidad Miguel Hernández de Elche. Premio UMH 2017 a la Productividad Investigadora, otorgado por el Consejo de Gobierno de la Universidad Miguel Hernández de Elche. Premio "Investigación" en la modalidad de "Jóvenes Investigadores" 2017. Premio UMH al Talento Docente 2017. Premio "Investigación" en la modalidad de "Jóvenes Investigadores" 2016. Premio UMH 2016 a la Productividad Investigadora. Premio a la excelencia en la Práctica Jurídica de ISDE 2016. Premio Joven Investigador por el Consejo Social de la Universidad Miguel Hernández de Elche (XII edición). Premio al profesional de Comercio exterior del año 2016, otorgado por la Asociación Española de Profesionales de Comercio Exterior a las empresas (ACOCEX) y BANKIA. Premio "INSTITUTO VASCO DE DERECHO PROCESAL" en su V Edición (Premio de Artículos Doctrinales sobre el fomento del estudio del Derecho Procesal), en el año 2015. Premio UMH 2015 a la productividad investigadora. Premio UMH 2014 a la productividad investigadora. Premio Santander al mejor Ensayo Corto convocado por la Red Cátedra Santander de Responsabilidad Social Corporativa (Convocatoria 2015). Primer accésit de la XII edición del Premio de Ensayo Breve de la Asociación Castellano-Manchega de Sociología "Fermín Caballero"; V Premio Jurídico Internacional Instituto Superior de Derecho y Economía (ISDE); Accésit en la categoría de "Investigación" de la XVIII edición de los "Premios de Protección de Datos 2014" de la Agencia Española de Protección de Datos. Búho de oro al mejor profesor del Curso 2013/2014 de la Escuela Superior de Marketing (ESUMA). Premio UMH al Talento Docente, años 2014, 2017 y 2019.

Ponente habitual en numerosos cursos organizados en España y en el extranjero en materia de Derecho internacional privado, Derecho de la nacionalidad, Derecho de extranjería, Derecho del comercio internacional, Contratación internacional y Protección de datos de carácter personal, entre otros. Ha dirigido infinidad de TFG y TFM y cuatro Tesis doctorales.

Autor de diferentes artículos, notas, recensiones y comentarios relacionados con dichas materias publicados en Revistas científicas, técnicas y de divulgación, españolas y extranjeras; **ha participado, como autor, coautor, director y/o coordinador en más de 275 libros.**

LERDYS SARAY HEREDIA SÁNCHEZ. Es Doctora en Derecho por la Universidad Miguel Hernández de Elche (2022), Mención Cum Laude por unanimidad. Licenciada en Derecho por la Universidad de Oriente, con Título de Oro, Cuba, (1993) y por la Universidad de Alicante (2000, Homologación de Título Universitario Extranjero). Es Master en Propiedad Industrial e Intelectual y Sociedad de la Información por la Universidad de Alicante, (1996) Experta en Tecnología Educativa por la Universidad Miguel Hernández de Elche, 2021.

En la actualidad es Profesora Asociada de Derecho Internacional privado de la Universidad Miguel Hernández de Elche y Secretaria de la Cátedra de Relaciones Privadas Internacionales UMH-ICAO, además de Asesora en materia de nacionalidad y extranjería al Colegio de Gestores Administrativos de Alicante y docente del Master de Acceso a la Abogacía y la Procura UMH-ICAE.

Ha sido profesora Asociada de esta misma materia, desde el curso académico 2000-2001 hasta el curso 2016-2017 en la Universidad de Alicante, a la que se mantiene vinculada como profesora colaboradora. Durante varios años se desempeñó como subdirectora académica del Master de nacionalidad, extranjería y relaciones internacionales de familia de la Universidad de Alicante, es profesora desde hace más de 15 años del Máster Universitario de Comercio Internacional de esta misma universidad y, desde su creación, es docente del Máster Universitario de Gestión Administrativa de la Universidad de Alicante en el módulo de nacionalidad y extranjería.

Desde hace varios años imparte formación sobre Derecho internacional privado, Derecho de Extranjería y Nacionalidad a los Colegios Profesionales de Elche y Orihuela y en los cursos del Consejo Valenciano de Colegios de Abogados; en la formación al Colegio de Graduados Sociales de Alicante y en la Secretaría de Estado de Migraciones y también en la Universidad Juárez Autónoma de Tabasco, México.

Ha sido galardonada con el Premio al Talento Docente 2023 por la Universidad Miguel Hernández de Elche y con el Tercer Accésit de los XIX Premios de Ensayo Breve sobre Ciencias Sociales "Fermín Caballero", 2022.

Cuenta con una amplia experiencia en el estudio de las cuestiones relativas a los problemas derivados de la plurinacionalidad en España y es miembro de la Asociación de Profesores de Derecho Internacional Privado de España (AEDIPRI) del Instituto de Derecho Iberoamericano (IDIBE).

Durante 7 años —del 2007 al 2014— ha estado al frente de la Fundación CeiMigra (Centro de Estudios para la integración social de los extranjeros) de la Comunidad Valenciana, con sede en Alicante, prestando servicio de asesoría jurídica en Derecho de la nacionalidad y la extranjería.

Es miembro de la Mesa Asesora del Observatorio Provincial de la Inmigración, de Alicante, y ha formado parte del equipo de investigadores del Observatorio de la Inmigración de la ciudad de Elche.

Ha sido ponente en varias Jornadas, Congresos y Seminarios nacionales e internacionales organizados en materia de nacionalidad, extranjería, integración de inmigrantes y voluntariado, entre otros.

Es autora de diferentes obras y artículos relacionados con dichas materias, publicados en España, Puerto Rico, Chile, Perú, México, Estados Unidos, Italia, Colombia, India y Cuba, por editoriales jurídicas como Aranzadi, Sepin, La Ley, Tirant Lo Blanch, Colex, entre otras. Es miembro del Consejo Editorial de la Revista Perfiles de las Ciencias Sociales, de la Universidad Juárez Autónoma de México y revisora de varias revistas nacionales e internacionales y revisora de revistas nacionales e internacionales.

I. Introducción: la inmigración en España y el derecho al voto reconocido para los extranjeros en la normativa constitucional

En las últimas décadas, en las que el fenómeno de la inmigración en España se ha disparado, hemos visto que las previsiones oficiales respecto a la llegada de extranjeros a nuestro país han quedado superadas. España ha pasado en muy poco tiempo de ser un país de emigrantes a ser un país de inmigrantes. De total de la población española hoy, más de 5 millones son extranjeros, el número de extranjeros en España con documentación de residencia en vigor a 1 de enero de 2024 se sitúa en **6.481.502**[1].

Es cierto que en España hemos asistido a un vertiginoso crecimiento de la inmigración, hasta el punto de que la tasa de crecimiento de la población desde el año 2000 es la más alta de nuestra historia, superior incluso al período de posguerra y al *baby boom*. De los 923.000 extranjeros al inicio de este siglo hemos pasado a los más de 6 millones, lo que representa casi el 15 % de la población total[2].

Los siguientes gráficos ofrecen una foto fija de esta realidad demográfica en nuestro país y de su incidencia en el proceso electoral como a continuación se verá.

---

[1] Datos disponibles en https://ine.es/dyngs/INEbase/es/operacion. htm?c=Estadistica_C&cid=1254736177095&menu=ultiDatos&idp=1254735572981 consultado el 30/01/2024.

[2] Tabla de población extranjera disponible en https://ine.es/jaxiT3/Tabla.htm?t=59011, consultado el 30/01/2024.

Estos *"nuevos ciudadanos"* conviven en nuestra sociedad desempeñando todo tipo de actividades: una actividad laboral, profesional, industrial o artesanal; sus hijos estudias en los centros educativos públicos y privados del sistema educativo español o europeo; hacen frente a sus obligaciones tributarias; etc. En definitiva, participando del día a día de nuestra sociedad, siendo titulares de derechos y obligaciones.

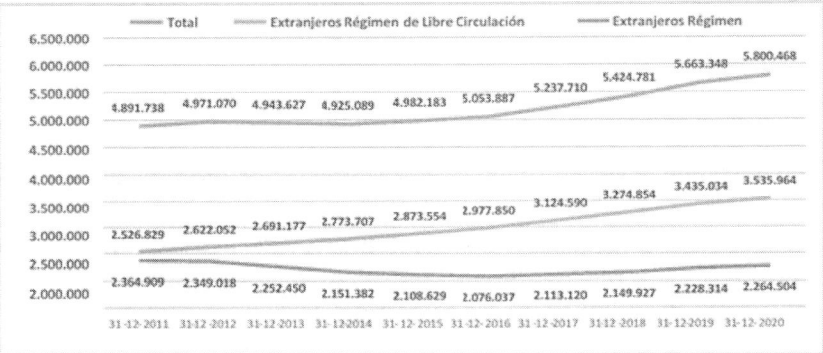

Evolución de extranjeros residentes en España por régimen jurídico, 2011-2020.

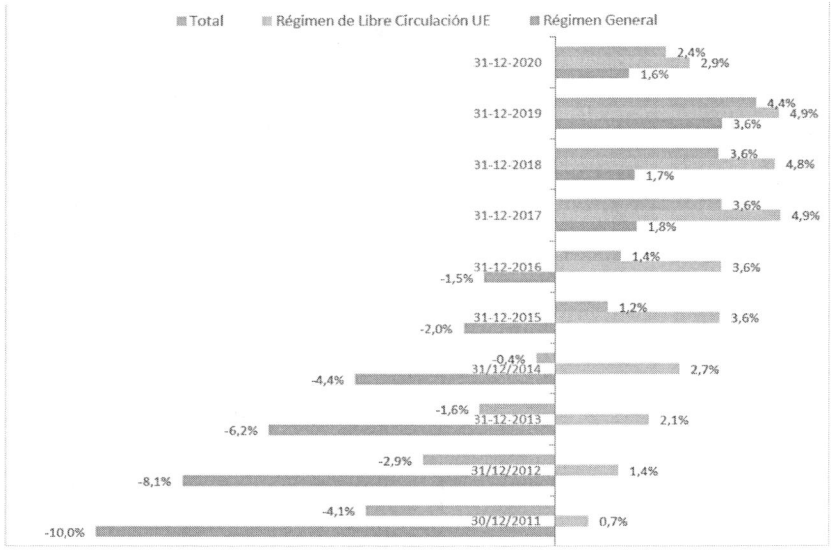

Fuente: Observatorio Permanente de la Inmigración.

Fuente: Observatorio Permanente de la Inmigración.

Extranjeros con derecho a voto en España y su inscripción en el censo electoral.
Elecciones municipales 28 de mayo de 2023

En materia de derechos uno de los que se vertebra como esencial para alcanzar la plena integración del ciudadano extranjero es el derecho al voto. Ello, es así puesto que se articula como una manifestación del derecho a participar de la vida política, es decir, a ser oído y formar parte de nuestra sociedad.

Una sociedad democrática es aquella que escucha y hace partícipe de la misma al conjunto de sus ciudadanos. No obstante, este derecho que viene recogido en nuestra Constitución Española (en adelante, CE) en su artículo 13.2, excluye explícitamente a los inmigrantes, *salvo en los casos en que se establezca por tratado o cuando la ley atiende al principio de reciprocidad[3]*.

Esta exclusión no afecta a los residentes nacionales de un Estado miembro de la UE. Los ciudadanos de la Unión Europea (en adelante, UE) tienen derecho a votar en las elecciones municipales y al Parlamento Europeo, desde la aprobación del Tratado de Maastricht de 1992. Por lo tanto, a pesar del elevado número de ciudadanos no nacionales residentes en nuestro Estado su peso o importancia es mucho más relativo en lo concerniente a su participación en las elecciones.

El derecho al voto se articula en torno a la existencia de tratados internacionales, y al principio de reciprocidad, lo cual implica que se reconozca el mismo derecho a los ciudadanos españoles que residan en el tercer Estado.

La legislatura 2008-2011 supuso un gran avance en el reconocimiento del derecho al voto de los extranjeros no comunitarios en las elecciones municipales, gracias a la entrada en vigor de numerosos tratados internacionales firmados por España, como resultado de una gran labor diplomática. Sin embargo, desde las elecciones municipales de 2011 se ha producido un cierto estancamiento en este ámbito.

De una parte, la situación de crisis económica vivida en los últimos años, no ha sido un marco idóneo para llevar adelante grandes avances en las políticas de integración de los extranjeros en España a nivel electoral. Y, de otra parte, se añade el hecho de que la doctrina ha llegado al convencimiento de que, en el contexto internacional actual, el desarrollo normativo del art. 13.2 CE ha podido alcanzar un máximo de aplicación.

---

[3]   *Vid.* sobre este tema LASAGABASTER HERRARTE, I. "Reciprocidad y derechos fundamentales: en especial el derecho de voto de los extranjeros", *Revista Vasca de Administración Pública*, Nº 85, Diciembre 2009, pp.57-81.

Como veremos en este trabajo, la exigencia constitucional de reciprocidad para el reconocimiento de este derecho es considerada un obstáculo insalvable y la reforma de la Constitución se percibe como la única solución posible a la situación generada[4].

Conforme a esta exigencia, España cuenta con 12 Acuerdos que permiten votar en las elecciones locales a los ciudadanos extracomunitarios: **Bolivia**[5], **Cabo Verde**[6], **Chile**[7], **Colombia**[8], **Corea**[9], **Ecua-**

[4]   Al respecto, son abundantes los estudios que sostienen esta tesis, *Vid.* por todos NARANJO DE LA CRUZ, R. "El derecho al voto de los extranjeros no comunitarios en las elecciones municipales: reciprocidad, ciudadanía y condiciones de ejercicio del derecho", *Revista Europea de Derechos Fundamentales,* Primer Semestre, 2016, Nº 27, pp.329-353; DUQUE SILVA, G. "El voto inmigrante: El reconocimiento de derechos políticos a los extranjeros en España", en SAN MIGUEL PÉREZ, E. (Coord.), *Las exigencias del estado de Derecho Contemporáneo: Ciudadanía, derechos humanos y migraciones,* Aranzadi, Navarra, 2022, pp. 159-190; ORTEGA GIMÉNEZ, A, "El derecho al voto en las elecciones municipales de los extranjeros en España", en GARCÍA SANSANO, J.; GONZÁLEZ GARCÍA, E.; LAGO MORALES, I. y RUBIO SÁNCHEZ, R. (Coords.) *Tiempos oscuros, décadas sin nombre*, ACMS, 2014, pp. 594-610.

[5]   Acuerdo entre el Reino de España y el Estado Plurinacional de Bolivia sobre participación en las elecciones municipales de los nacionales de cada país residentes en el territorio del otro, hecho en Madrid el 15 de septiembre de 2009. BOE núm. 306 de 17 de diciembre de 2010.

[6]   Canje de Notas constitutivo de Acuerdo entre el Reino de España y la República de Cabo Verde sobre participación en las elecciones municipales de los nacionales de cada país residentes en el territorio del otro, hecho en Praia el 8 de abril de 2009. BOE núm. 11 de 13 de enero de 2011.

[7]   Acuerdo entre el Reino de España y la Republica de Chile sobre participación en las elecciones municipales de lo nacionales de cada país residentes en el territorio del otro. BOE núm. 35 de 9 de febrero de 2010.

[8]   Acuerdo entre el Reino de España y la República de Colombia, sobre participación en las elecciones municipales de los nacionales de cada país residentes en el territorio del otro, hecho en Madrid el 5 de febrero de 2009. BOE núm. 18 de 21 de enero de 2010.

[9]   Canje de Notas constitutivo de Acuerdo entre el Reino de España y la República de Corea sobre participación en las elecciones municipales de los nacionales de cada país residentes en el territorio del otro, hecho

dor[10], Islandia[11], Trinidad y Tobago[12], Noruega[13], Nueva Zelanda[14], Paraguay[15] y Perú; además del Canje de Notas con la República Oriental de Uruguay[16].

---

en Madrid, Seúl el 16 de noviembre de 2010 y 26 de enero de 2011. BOE núm. 160 de 6 de julio de 2011.

[10] Acuerdo entre el Reino de España y la República del Ecuador sobre participación en las elecciones municipales de los nacionales de cada país residentes en el territorio del otro, hecho en Quito el 25 de febrero de 2009. BOE núm. 4 de 5 de enero de 2010.

[11] Acuerdo entre el Reino de España y la República de Islandia sobre participación en las elecciones municipales de los nacionales de cada país residentes en el territorio del otro, hecho en Madrid y París el 31 de marzo de 2009. BOE núm. 305 de 16 de diciembre de 2010.

[12] Canje de Notas constitutivo de Acuerdo entre el Reino de España y la República de Trinidad y Tobago sobre participación en las elecciones municipales de los nacionales de cada país residentes en el territorio del otro, hecho en Puerto España el 17 de febrero de 2009. BOE núm. 290 de 2 de diciembre de 2011.

[13] Canje de Cartas, constitutivo de Acuerdo entre España y Noruega, reconociendo el derecho a votar en elecciones municipales a los nacionales noruegos en España y a los españoles en Noruega, realizado en Madrid el 6 de febrero de 1990, y Anejo, de 6 de febrero de 1990. BOE núm. 153 de 27 de junio de 1991.

[14] Acuerdo entre el Reino de España y Nueva Zelanda sobre participación en determinadas elecciones de los nacionales de cada país residentes en el territorio del otro, hecho en Wellington el 23 de junio de 2009. BOE núm. 5 de 6 de enero de 2010.

[15] Real Canje de Notas constitutivo de Acuerdo entre el Reino de España y la República del Paraguay sobre participación en las elecciones municipales de los nacionales de cada país residentes en el territorio del otro, hecho en Madrid y Asunción el 13 de mayo de 2009. BOE núm. 150 de 21 de junio de 2010.

[16] Canje de notas, de fecha 30 de noviembre de 2009, constitutivo de acuerdo entre el Reino de España y la República Oriental del Uruguay sobre participación en las elecciones municipales de los nacionales de cada país residentes en el territorio del otro. Texto remitido al Parlamento disponible en https://www.congreso.es/public_oficiales/L9/CORT/BOCG/A/CG_A281.PDF

Estos Acuerdos tenían un objetivo claro: alcanzar la cifra de 1.000.000 de extracomunitarios con derecho al voto en las elecciones municipales de 2011, pero la realidad nos llevó por otros derroteros. De hecho, nacionales de países como Marruecos, China y países latinoamericanos con una alta presencia en España no pueden ejercer este derecho ante la falta de acuerdo con los estados de origen, dado que el requisito de reciprocidad es clave para configurar este derecho.

Si bien compartimos junto a los autores antes mencionados[17] la conveniencia de una reforma constitucional en la materia, el objeto de este trabajo es analizar con una perspectiva crítica cómo se inserta el derecho al voto en las elecciones municipales por parte de los extranjeros no comunitarios. Consideramos de especial relevancia este estudio por la estrecha vinculación que presenta este tema con el funcionamiento de la Administración local, especialmente en la provincia de Alicante, que es la tercera de España con mayor número de extranjeros empadronados.

De una amplia participación de electores con derecho al voto en las elecciones municipales, dependerá el alcance y contenido de los proyectos políticos que puedan llevarse a cabo a nivel local. Es precisamente la Administración local la que se encuentra a pie junto al ciudadano, junto al votante y es para "sus ciudadanos" y "con sus ciudadanos" para quienes trabajan las corporaciones locales en el día a día de la vida sociopolítica española.

Dado el carácter crítico de este estudio, se proponen nuevas líneas de comprensión del art. 13.2 CE[18] para, en el marco cons-

---

[17]   En la Nota 4.

[18]   Este precepto ha sido, hasta la fecha, el único que se ha modificado de nuestra Constitución Española —el 27 de agosto de 1992—, por existir contradicción entre su redacción anterior y el artículo 8.B del Tratado Constitutivo de la Comunidad Europea, asumido por el Tratado de la Unión Europea, que otorga a todos los ciudadanos comunitarios/europeos el derecho de sufragio activo y pasivo en las elecciones municipales, con independencia del país de su residencia

titucional vigente, contribuir a superar el *statu quo* alcanzado en torno al derecho al voto de los extranjeros no comunitarios en las elecciones municipales. Pensemos que, en provincias como Alicante, el voto de los extranjeros puede ser clave. Sin embargo, las carencias del sistema legal implementado al efecto impiden que el ejercicio de este derecho esté al alcance de todos los ciudadanos.

II. El derecho al voto como medio de integración social de los extranjeros en España. Un soporte necesario para la Administración Local

El precepto constitucional antes citado establece claramente que solamente los españoles serán titulares de los derechos reconocidos en el artículo 23[19]. Así, cuando se lleva a cabo un análisis conjunto de ambas normas, se verifica que el legislador encargado de su desarrollo tendrá que actuar en tres ámbitos.

El primero, el de la reciprocidad, encargado de dotar de contenido esta cláusula constitucional, de vital importancia a los efectos que nos ocupa; el segundo, en clave de "ciudadanía", ya que como se verá, la atribución del derecho al voto en las elecciones municipales coloca a los a los extranjeros en el centro de la "vida ciudadana"; y el tercero, hace referencia al ejercicio de este derecho pues las condiciones del mismo podrán ser (y lo son) distintas a las exigidas para los nacionales españoles[20].

Como consecuencia de los elevados flujos migratorios que han llegado a nuestro país, la extensión del derecho a voto a los inmigrantes se ha convertido en esta década en uno de los elementos más debatidos en la sociedad civil y se ha tomado en considera-

---

[19] Relativo al derecho a participar en los asuntos públicos, directamente o por medio de representantes, libremente elegidos en elecciones periódicas por sufragio universal. Así como al derecho a acceder en condiciones de igualdad a las funciones y cargos públicos, con los requisitos que señalen las leyes.

[20] Sobre el ejercicio de estos tres aspectos: reciprocidad, ciudadanía y condiciones de ejercicio del derecho, *Vid.* NARANJO DE LA CRUZ, R. *Op. Cit.*

ción por los partidos políticos; lo cual ha dado lugar a una constante reivindicación, tanto social como política, vista en clave de integración.

El principal desafío para lograr la integración de los inmigrantes es la adaptación de las instituciones públicas que tienen que ver con la gestión de todas las cuestiones relacionadas con el *estado del bienestar*. Adaptarlas a esta nueva realidad que supone tener más de cinco millones de ciudadanos más a los que hay que responder y propiciarles canales para el ejercicio de sus derechos ciudadano. Este es el gran desafío, adaptar las instituciones tanto cuantitativa como cualitativamente para incorporar a estas personas al conjunto del electorado.

El Derecho de extranjería vigente recoge entre el catálogo de derechos y libertades de los que gozan los extranjeros en España el *derecho de participación pública*; un derecho cuyo ejercicio queda limitado a aquellos que residen legalmente en nuestro país (artículo 6 de la Ley de Extranjería[21]).

Bajo el epígrafe *Participación pública*, establece, en su apartado primero, que *los extranjeros residentes en España podrán ser titulares del derecho de sufragio, en las elecciones municipales, en los términos establecidos en la Constitución, en los tratados internacionales, en su caso, y en la Ley*. configurando "el derecho de sufragio que constituye una de las "promesas incumplidas" en el Estado constitucional español"[22].

---

[21] Nos referimos a la Ley Orgánica 4/2000, de 11 de enero, sobre derechos y libertades de los extranjeros en España y su integración social, en su redacción dada por la Ley orgánica 8/2000, de 22 de diciembre, por la Ley Orgánica 11/2003, de 29 de septiembre, por la Ley Orgánica 14/2003, de 20 de noviembre, y por la Ley Orgánica 2/2009, de 11 de diciembre, de reforma de la Ley Orgánica 4/2000, de 11 de enero, sobre derechos y libertades de los extranjeros en España y su integración social (texto consolidado).

[22] *Vid.* ALARCÓN REQUEJO, J. "Derechos políticos de los latinoamericanos en España y participación en elecciones locales", en ESCRIVÁ, A., BERMÚDEZ, A. y MORAES, N., *Migración y participación política*, CSIC, Madrid, 2009, p. 46.

El derecho al voto de los inmigrantes es una pieza fundamental en el arco que ha de sostener la integración[23]. Es la piedra clave, la que está en el centro del sistema. Sin duda alguna, es el "paso necesario para la integración y para la construcción de una sociedad democrática, en la que se tome en cuenta a todas las personas residentes"[24].

El voto es un importante factor de integración, por cuanto permite a las personas de origen extranjero participar en el seno de la sociedad y tomar decisiones sobre el futuro compartido. Por el contrario, impedirles que puedan votar y ser elegidos refuerza la imagen del inmigrante como mera fuerza de trabajo y lo vuelve invisible en otros ámbitos fundamentales de la vida social, favoreciendo la exclusión y el desarraigo.

La idea de integrar a los inmigrantes en el círculo de participación ciudadana es el núcleo del sistema de integración; al menos, eso es lo que reflejan los estudios doctrinales sobre este tema[25].

Sin embargo, la participación en la vida pública de un país no es el único elemento que puede situar a un inmigrante en el utópico *status* de integración. Conviene hacer un esfuerzo político más abarcador de otros aspectos de la realidad de la inmigración —como la protección de los derechos fundamentales, el acceso al mercado laboral, la asistencia sanitaria en condiciones de igualdad, etc.— donde el derecho al voto se estructure sobre bases sólidas de actuación y no sólo como un elemento más de una campaña electoral dirigida a la captación votos[26].

---

[23] *Vid.*, en sentido contrario, y, en nuestra opinión, de forma errónea, SARTORI, G., *La sociedad multiétnica*, Taurus, Madrid, 2001.

[24] *Vid.* ALARCÓN REQUEJO, J., *Op. Cit.*, p. 47. También sobre este tema encontramos un amplio estudio en CHUECA SANCHO, A. y AGUELO NAVARRO, P. *El derecho de voto de los extranjeros en España en perspectiva europea*, Documentos CIDOB. Migraciones, Nº. 19, 2009.

[25] *Vid.*, p. ej., OLIVÁN LÓPEZ, F., *Constitución y extranjería*, Dykinson, Madrid, 2004, pp. 123-156.

[26] Sobre ello *Vid.* HEREDIA SANCHEZ, L. y ORTEGA GIMENEZ, A. "El derecho al voto de los extranjeros en las elecciones municipales espa-

Es cierto que la ciudadanía no puede reducirse al derecho al voto; pero, no es menos cierto que sin este derecho no se puede hablar de ciudadanía en ningún caso. El derecho al voto es una conquista democrática de alto contenido simbólico: no se puede hablar de democracia universal ni de auténtica integración si se deniega el derecho al voto a una parte de la población.

La presencia de un alto índice de población inmigrante en España ha empujado a la generalización de derechos que, hasta el siglo pasado, estaban reservados exclusivamente a los nacionales, tal es el caso de buena parte de los derechos civiles y sociales. Sin embargo, no ha ocurrido lo mismo con los derechos políticos.

Así, se ha tomado, erróneamente, como argumento el principio de soberanía estatal para no reconocer el derecho al voto de los inmigrantes, no apostando por otorgar preeminencia al principio democrático (= han de participar en la toma de decisiones de una comunidad todos los que están sometidos a su ordenamiento jurídico, es decir, todos aquellos que residan en su territorio).

El hecho de que una parte importante de la población extranjera en España no goce del derecho al voto tiene consecuencias negativas, no sólo para los directamente afectados, sino para el conjunto de la ciudadanía, puesto que hace que los valores democráticos dejen de ser universales y dificulta la cohesión social. El reconocimiento del derecho a elegir y a ser elegidos, para todas las personas que residen en España, no sólo evitaría discriminaciones e injusticias, sino que avanzaría en la construcción de una sociedad más cohesionada y democrática.

Los extranjeros residentes, en tanto que sometidos al ordenamiento jurídico del Estado en que viven, deben tener también voz en la toma de decisiones. La realidad actual es que no disfrutan de derechos políticos, ni de ningún otro tipo de contrapartida. En

---

ñolas. ¿Integración o interés?", *Anuario Mexicano de Derecho Internacional*, N°8, 2008, pp.587-598.

definitiva, son "víctimas de un estatuto asimétrico, sujetos sin ser ciudadanos, o ciudadanos de segunda clase"[27].

Sin otorgar derechos políticos a los extranjeros se dificulta la posibilidad de llevar a cabo una garantía efectiva de los derechos que les corresponden. Sin derecho al voto el poder de presión que poseen frente al Gobierno de turno disminuye de forma muy notable. Si se niega la representación política a los extranjeros, en realidad, se está impidiendo la realización del pluralismo. En definitiva, si sólo se encuentran representados en la vida pública los intereses de los nacionales, los extranjeros no tienen la posibilidad de canalizar sus peticiones.

II.1. EL DERECHO AL VOTO COMO MEDIO DE INTEGRACIÓN SOCIAL DE LOS EXTRANJEROS EN ESPAÑA. LOS TRES ÁMBITOS DE ACTUACIÓN DEL LEGISLADOR

La defensa de la participación política de los extranjeros en las elecciones encuentra su justificación en argumentos muy diversos: en la dignidad y la plena realización de la persona a través de la participación en la comunidad política, en un argumento funcional: "conviven con nosotros, trabajan y pagan sus impuestos", en un argumento democrático: la sujeción de todos a un mismo ordenamiento jurídico; en la efectividad de los derechos sociales y la igualdad; pero, sobre todo, en un argumento sociológico: la realidad de los movimientos migratorios lleva a la necesidad de su integración social y política[28].

---

[27]   *Vid.* MASSÓ GARROTE, M. F., *Los derechos políticos de los extranjeros*, Colex, Madrid, 1997, p. 106.

[28]   *Vid.*, en sentido amplio, IBÁÑEZ MACÍAS, A, *El derecho de sufragio de los extranjeros*, Cuadernos "Bartolomé de las Casas", n° 46, Madrid: Dykinson, 2009, pp. 22-27.

En el epígrafe anterior hicimos referencia a los tres ámbitos de actuación del legislador en esta materia: el de la reciprocidad; la actuación en clave de "ciudadanía"; y las condiciones impuestas al ejercicio de este derecho en diferente medida que a los nacionales españoles. A continuación de analizan brevemente.

II.1.1. La interpretación de la reciprocidad

Como se ha señalado, el art. 13.2 CE permite que por ley o por tratado se otorgue a los extranjeros la titularidad del derecho de sufragio, ya sea activo o pasivo en las elecciones municipales, atendiendo a criterios de reciprocidad., lo que la reciprocidad se ha venido a considerar así por la doctrina constitucionalista como un requisito imprescindible para el reconocimiento de dicho derecho[29].

De acuerdo con ello, sólo se podría atribuir este derecho en nuestro país a los nacionales de un Estado que hace lo propio a los españoles, por lo que aceptada esta condición, los estudios se han centrado en vertientes distintas del sentido constitucional de esta cláusula. Así, por ejemplo, se ha discutido, por ejemplo, el mayor o menor rango con el que puede ser interpretada la exigencia de reciprocidad, aunque nada impide al respecto deducir de ella, incluso, la necesidad de una completa identidad en los términos y condiciones de ejercicio del derecho, de tal suerte

---

[29]   Así lo explican AJA, E. y DÍEZ BUESO, L., "La participación política de los inmigrantes", *Revista Bimensual de Pensamiento Social. La factoría*, núm. 10, p. 6, disponible en http://www.revistalafactoria.eu/articulo. php?id=141, consultado el 28/09/2022, también MORENO BLESA, L. "Artículo 6. Participación política", en CAMPO CABAL, J.M, (coord.), *Comentarios a la Ley de Extranjería (Ley Orgánica 4/2000 reformada por la Ley Orgánica 8/2000)*, Civitas, Madrid, 2001, p. 74; GARCÍA SORIANO, M. V. "Sobre la viabilidad de la participación política de los extranjeros en las elecciones municipales", *Cuadernos Constitucionales de la Cátedra Fadrique Furió Ceriol*, núm. 60-61, p. 264; NARANJO DE LA CRUZ, R. *Op.Cit*, pp.331-337.

que se ha optado en la doctrina por lo general por dotarla de un alcance más flexible[30].

Autores como VACAS FERNÁNDEZ, afirman que, de acuerdo con la interpretación generalizada del criterio, no resulta sencillo defender una interpretación tan laxa del principio de reciprocidad que evite excluir a nacionales de algunos Estados"[31]

Siguiendo a NARANJO DE LA CRUZ, bastaría entonces para apreciar la concurrencia de reciprocidad con que en el otro país los españoles tuvieran reconocido el derecho de sufragio activo y/o pasivo en sus elecciones municipales o equivalentes, siempre que estas se desarrollen de acuerdo con unos estándares democráticos internacionalmente aceptados, y no se sometiera el reconocimiento del derecho a condiciones discriminatorias, lesivas de derechos fundamentales o abusivas[32].

Otro elemento de estudio ha sido el análisis de la fuente legal en la que se debe concretar el alcance y efectos del criterio de reciprocidad. Al respecto debe tenerse en cuenta que la reciprocidad no es una condición de cuyo cumplimiento haga derivar directamente la CE el reconocimiento del derecho. Así, por el hecho de que en las elecciones municipales de un país los españoles puedan ejercer el derecho de sufragio no convierte al nacional de dicho Estado en titular del derecho al sufragio en España.

De acuerdo con ello, es necesaria —en todo caso— la intermediación de una *ley o de un tratado internacional* que hagan efectiva

---

[30]   Sin embargo, optan por una interpretación estricta del criterio de reciprocidad FERRER PEÑA, R. M. *Los derechos de los extranjeros en España*, Tecnos, Madrid, 1989, p. 78, y RODRÍGUEZ-DRINCOURT ÁLVAREZ, J., *Los derechos políticos de los extranjeros*, Universidad de Las Palmas de Gran Canaria, Civitas, Madrid, 1997, p. 332.

[31]   VACAS FERNÁNDEZ, F. *El reconocimiento del derecho al sufragio de los extranjeros en España: un análisis desde el Derecho Internacional*, Instituto de Derechos Humanos Bartolomé de las Casas, Universidad Carlos II de Madrid, Dykinson, Madrid, 2011, pp. 90-91.

[32]   *Vid.* NARANJO DE LA CRUZ, R. *Op. Cit.* p. 332.

dicho ejercicio. De su existencia como fuente legal depende que una persona extranjera pueda reclamar el ejercicio de este derecho[33].

Volviendo a NARANJO DE LA CRUZ, la posibilidad abierta por el art. 13.2 CE puede —y debe— ser concretada, mediante ley o a través de tratados internacionales, ya sean bilaterales o multilaterales. La opción por la vía legal supondría la inclusión en la normativa electoral del conjunto de condiciones que deberían cumplirse para reconocer a un extranjero la titularidad del derecho al sufragio activo y/o pasivo en las elecciones municipales[34].

Desde una perspectiva crítica, y de acuerdo con la función que cumple el criterio de reciprocidad, vemos que la vía legal presenta algunas ventajas frente a la fuente de origen convencional de cara al objetivo de lograr la máxima extensión posible del derecho de sufragio. Al respecto, puede decirse que es capaz de abarcar mediante una regulación general todos los supuestos en los que este requisito

---

[33]   Argumentando esta idea *Vid.* MOYA MALAPEIRA, D. "Regulación del derecho de sufragio de los extranjeros en España y los mecanismos alternativos de participación política", en D. MOYA MALAPEIRA D. y VIÑAS FERRER, A. (eds.), *Sufragio y participación política de los extranjeros extracomunitarios en Europa*, Fundació Carles Pi i Sunyer, Barcelona, 2010, pp. 465-466; LASAGABASTER HERRARTE, I. "Reciprocidad y derechos fundamentales: en especial el derecho de voto de los extranjeros", *Revista Vasca de Administración Pública*, núm. 85, 2009, p. 74; ORTEGA GIMÉNEZ, A. *El derecho al voto de los ciudadanos extracomunitarios en las próximas elecciones municipales españolas de 2011*, Fundación Alternativas, Madrid, 2011, pp. 19-20, disponible en http://www.almendron.com/politica/pdf/2011/9187.pdf; consultado el 30/09/2022; PÉREZ ALBERDI, M. R. *El derecho fundamental a participar en los asuntos públicos*, Congreso de los Diputados, Madrid, 2013, pp. 99-100

[34]   *Vid.* PRESNO LINERA, M. A. *El derecho al voto*, Tecnos, Madrid, 2003, p. 166. De acuerdo con este autor, la norma podría completarse con una remisión al Gobierno para la tarea de apreciación de los Estados que cumplen los requisitos marcados, así como con la previsión, en caso de exclusión, de los correspondientes recursos por la vía administrativa y judicial

se ve satisfecho, sin necesidad de hacer depender en cada caso concreto el reconocimiento del derecho de la voluntad negociadora de otro Estado o, incluso, eventualmente, del propio Estado español[35].

También se ha de tener en cuenta que la generalidad de la norma reduciría al mínimo las posibilidades de establecimiento de un régimen desigual entre los extranjeros de diferentes nacionalidades, tal y como sucede a día de hoy. Al margen de los efectos excluyentes que se derivan necesariamente de la propia reciprocidad, entendida como tal.

Al efecto, la vía legal ha quedado cerrada, sin embargo, hasta el momento, por la normativa electoral[36] (LOREG) al establecer en el art. 176.1 que *"(…) gozan del derecho de sufragio activo en las elecciones municipales los residentes extranjeros en España cuyos respectivos países permitan el voto a los españoles en dichas elecciones, en los términos de un tratado"*. A la vista queda que la propia ley remite al tratado los supuestos y las condiciones en las que se va a reconocer el derecho al sufragio al extranjero en España[37].

En resumen, vemos que la atribución a los extranjeros extracomunitarios del derecho de sufragio activo en las elecciones municipales se ha hecho depender de la ratificación del correspondiente tratado internacional, lo que se habría evitado con la

---

[35]   Quizás se deba a esta dificultad que tras dos décadas de negociaciones sólo se encuentren en vigor 12 Tratados bilaterales al respecto.

[36]   Ley Orgánica del Régimen Electoral General 5/1985, de 19 de junio. BOE núm., 147 de 20 de junio de 1985.

[37]   Algunos autores proponen que la LOREG recoja los requisitos que debe reunir el tratamiento normativo del sufragio de los españoles en el extranjero para satisfacer el criterio de reciprocidad con carácter previo a la celebración de un tratado, por todos, SANTOLAYA MACHETTI, P. "Nacionalidad…", *Op. Cit.*, p. 45; SANTOLAYA MACHETTI, P. y DÍAZ CREGO, M. *El sufragio de los extranjeros. Un estudio de Derecho comparado*, Centro de Estudios Políticos y Constitucionales, Madrid, 2008, p. 121; AJA, E. y MOYA, D. "El derecho de sufragio…". *Op. Cit.*, pp. 19-20. No obstante, dada su naturaleza nada impide su modificación en unos términos más acordes con la nueva realidad sociopolítica.

ratificación del Convenio Europeo sobre la Participación de los Extranjeros en la Vida Pública a Nivel Local[38].

Un rápido recorrido por el texto del Convenio, nos indica que cada Estado contratante está obligado a garantizar a los residentes extranjeros, bajo las mismas condiciones que a sus propios ciudadanos, los siguientes derechos:

— el derecho a la libertad de expresión. Este derecho comprende la libertad de opinión y de recibir o comunicar informaciones o ideas sin injerencia de autoridades públicas y sin consideración de fronteras;

— el derecho a la libertad de reunión pacífica y a la libertad de asociación con otras personas, incluso el derecho a fundar y afiliarse a sindicatos y a sindicar para la defensa de sus intereses. En particular, el derecho a la libertad de asociación implicará el derecho de los residentes extranjeros para formar asociaciones locales propias para fines de asistencia mutua, el mantenimiento y la expresión de su identidad cultural o la defensa de sus intereses, así como el derecho a afiliarse a ninguna asociación.

El término "residentes extranjeros" indica las personas que no sean ciudadanos del Estado y que residen legalmente en su territorio y cada Estado contratante debe asegurarse de que no habrá obstáculos jurídicos o de otra forma para impedir a los residentes extranjeros de crear órganos consultivos y:

— de formar un enlace entre ellos y los mismos compatriotas;

— crear un foro para el debate y la formulación de las opiniones, deseos y preocupaciones de los residentes extranjeros en asuntos que afectan en particular la relación con la vida pública local;

— fomentar su integración en general en la vida de la comunidad;

---

[38]   Estrasburgo, 5 de febrero de 1992.

— fomentar y facilitar la creación de los órganos consultivos para la representación de los residentes extranjeros en las autoridades locales en cuya zona hay un número significativo de residentes extranjeros, que permite un reconocimiento generalizado del derecho de sufragio a los extranjeros, cualquiera que fuera su nacionalidad, una vez cumplido un período máximo de cinco años de residencia en el país del que se trate.

Sin embargo, en la medida en que los destinatarios del Convenio Europeo no son únicamente los nacionales de los Estados parte, la reciprocidad se ha erigido en un obstáculo para su ratificación, dada la incompatibilidad existente con sus disposiciones. Es por ello que el medio elegido para la implementación del derecho de sufragio en nuestro el ordenamiento ha sido el tratado bilateral[39].

Del estudio queda evidenciado que hay un claro acuerdo en la doctrina acerca de que la exigencia de reciprocidad es el principal obstáculo jurídico al que se enfrenta el reconocimiento del derecho al voto a los extranjeros en las elecciones municipales españolas. Así, vemos que las críticas a la cláusula de reciprocidad han sido muy frecuentes y en este sentido, se ha argumentado que su imposición como requisito viene ligada a la situación sociológica propia de la época en la que se aprobó la CE.

No podemos olvidar que España era, en la década de los 70, un país de emigrantes, y de esta forma —mediante la inclusión de

---

[39] Destacan autores que son críticos con las desigualdades que genera la aplicación de la reciprocidad a través de los tratados internacionales, *Vid.* por todos VACAS FERNÁNDEZ, F. El reconocimiento... *Op. Cit.,* pp. 80 y ss.; MOYA, D. "Regulación del derecho...", *Op. Cit.,* p. 470; ORTEGA GIMÉNEZ, A.; LÓPEZ ÁLVAREZ, A. Y CANO ESQUIBEL, M. J, "A vueltas con la integración del inmigrante: la extensión del derecho al voto de los ciudadanos extranjeros en España»", Actas del III Congreso anual de la REPS Los actores de las políticas sociales en contextos de transformación., 2011, p. 13, texto disponible en: http://www.unavarra.es/digitalAssets/149/149682_1000003.1_Ortega_ DerechoVotoExtranjeros.pdf; consultado el 16/10/2023.

la cláusula de reciprocidad— lo que se pretendía era favorecer el reconocimiento de este derecho a los españoles en el exterior en el país de acogida y, con ello, propiciar su integración en dicha sociedad. Esta cláusula consideramos que ha perdido sentido con el cambio de los flujos migratorios, que han convertido a España en un país netamente receptor de emigrantes en pleno Siglo XXI[40]. Así pues, la nueva situación parece requerir más bien que se favorezca, o se reconozca, la integración del extranjero en la vida local de nuestros municipios, objetivo para el que la exigencia de reciprocidad viene a ser una importante rémora[41].

Siguiendo el mismo sentido crítico, vemos que la exigencia de reciprocidad genera situaciones injustas, en cuanto que impide reconocer el derecho por circunstancias tan ajenas a la voluntad del extranjero como que proceda de países no democráticos; o de Estados donde no existan elecciones en un nivel equiparable al municipal; o bien en los que las competencias para la regulación de esta materia se encuentren descentralizadas[42].

Todo ello da lugar a situaciones injustas como las que vivimos de cara a los procesos electorales en España. Países con un eleva-

---

[40]   En este sentido, PÉREZ VERA, E. y ABARCA JUNCO, P. "Artículo 13.2", en ALZAGA VILLAAMIL, O. (Dir.) *Comentarios a la Constitución Española de 1978*, Tomo II, Cortes Generales, EDERSA, Madrid, 1997, pp. 206 y ss.

[41]   En esta misma línea, *Vid.* ALÁEZ CORRAL, B., *Nacionalidad, ciudadanía y democracia. ¿A quién pertenece la Constitución?*, Centro de Estudios Políticos y Constitucionales, Tribunal Constitucional, Madrid, 2006, p. 247; LOZANO GARCÍA, J.L. *Derecho de sufragio de los extranjeros en las elecciones locales.* Memoria monográfica del curso selectivo de formación de secretarios de Embajada (1990-1991), Escuela Diplomática, Madrid, 1991, p. 106; AJA. E. y DÍEZ BUESO, L, "La participación política...", *Op. Cit.* p. 6; SAGARRA TRÍAS, E., *La legislación sobre extranjería e inmigración: una lectura. Los derechos fundamentales de los extranjeros en España*, Universitat de Barcelona, Barcelona, 2002, p. 331;

[42]   *Vid.* el amplio estudio sobre estos temas recogido en MATIA PORTILLA, F. J. (Dir.) y AA.VV, *Pluralidad de ciudadanías, nuevos derechos y participación democrática*, Centro de Estudios Políticos y Constitucionales, Madrid, 2011.

do número de nacionales residentes en nuestro país (Marruecos, China, Ucrania, Pakistán, etc.) carecen de acuerdo en este sentido y ello deja a su población fuera del principal canal de representación democrática en la vida municipal[43].

Las limitaciones que ha impuesto a la implementación del art. 13.2 CE el cumplimiento del criterio de reciprocidad, respecto del objetivo de extender el derecho de sufragio en las elecciones municipales a los extranjeros, han provocado que buena parte de la doctrina haya pedido su supresión por medio de una reforma constitucional[44].

Ahora bien, somos conscientes de las dificultades de naturaleza política a las que se enfrenta en nuestro país cualquier intento de reforma constitucional, por lo que el pronóstico al respecto no es optimista. No obstante, consideramos que la norma constitucional contenida en el art. 13.2 CE permite una interpretación distinta de la cláusula de reciprocidad, que conduciría, como veremos, a resultados, si no óptimos, sí manifiestamente mejores que los logrados a través de la práctica actual y en ello seguimos a NARANJO DE LA CRUZ[45].

La CE exige es que la ley o el tratado que regule el derecho al voto "atienda" a criterios de reciprocidad. Deducir de aquí que en ausencia de reciprocidad un extranjero no puede ser titular del citado derecho es el resultado de una interpretación restrictiva, del precepto constitucional.

---

[43]   *Vid.* al respecto NARANJO DE LA CRUZ, R., *Op. Cit.* pp. 333-334.

[44]   Como por ejemplo, VIDAL FUEYO, Mª.C, "La conveniencia de ampliar la reforma constitucional más allá de los cuatro bloques de materias propuestos por el Gobierno", en VERA SANTOS, J. M. y DÍAZ REVORIO, J.F. (coords.), *La reforma estatutaria y constitucional*, La Ley, Madrid, 2009, pp. 779-787; SANTOLAYA MACHETTI, P., "El derecho de sufragio de los extranjeros", en AA.VV, *El informe del Consejo de Estado sobre la reforma electoral. Texto del informe y debates académicos*, Consejo de Estado-Centro de Estudios Políticos y Constitucionales, Madrid, 2009, pp. 522-523.

[45]   NARANJO DE LA CRUZ, R., *Op. Cit.* pp. 338.

Por tanto, la cláusula de reciprocidad prevista en el art. 13.2 CE admite una lectura distinta a la generalmente realizada. Acorde con dicha interpretación favorable que defendemos se cumpliría también con el requisito constitucional de "atender" al criterio de reciprocidad, la aplicación de una ley en la que éste se utilizara para graduar el plazo de residencia exigible al extranjero de cara al reconocimiento del derecho a voto.

Además, el hecho de que art. 13.2 CE se refiera expresamente a la reciprocidad no anula la aplicación de otros principios constitucionales de mayor alcance, que pueden ser usados para la interpretación de la cláusula, por ejemplo, la interpretación será mucho más favorable a la eficacia del derecho fundamental del art. 23 CE, en la medida en que permite el acceso al mismo de todos los extranjeros, cualquiera sea su procedencia. Ello tiene apoyo en el principio democrático y permite ampliar su aplicación sin acometer una reforma constitucional.

De esta forma se elimina el desfase que tenemos hoy entre la población sujeta al ordenamiento de la Administración local, por un lado, y la que tiene derecho a participar en los asuntos públicos en dicho nivel por medio del sufragio, por otro. En estos tiempos se hace necesaria una interpretación de la norma constitucional de acuerdo con la realidad social del tiempo en que debe ser aplicada[46].

En consecuencia, como ya hemos apuntado, si el objetivo que perseguía el constituyente español ha perdido en buena medida su vigencia en la sociedad española actual puesto que hemos pasado a ser un país receptor de inmigración ya no resulta necesario sostener una interpretación de la cláusula de reciprocidad dirigida a favorecer al emigrante español en el extranjero. Esto no hace

---

[46]   Al respecto es necesario revisar la doctrina del TC español, analizada sobre tema por PRESTO LINERA, M. A, *Elecciones municipales y gobierno local (Doctrina Constitucional y de la Junta Electoral Central)*, Prontuario Elecciones, Universidad de Oviedo, 2004. En cuanto a la necesidad de una interpretación evolutiva de la CE, *Vid.* STC 198/2012, FJ 9; SSTC 5/1981, FJ 9; 108/1986, FJ 13.

más que producir incongruencias en nuestro sistema jurídico, especialmente desde el punto de vista de la vigencia del principio democrático y de la eficacia de los derechos fundamentales, como bien señala buena parte de la doctrina.

Es deseable un desarrollo normativo del art. 13.2 CE que en el sentido propuesto permitiría a España ratificar el Convenio Europeo ya citado, condicionado a que se establezca un plazo de residencia legal y a falta de reciprocidad, se mantuviera dentro del límite de cinco años exigido para el reconocimiento del derecho de sufragio. De esta forma la cláusula de reciprocidad del art. 13.2 CE daría respuesta en el ámbito local a quienes solicitan el reconocimiento del derecho de sufragio en las elecciones municipales como herramienta para favorecer la integración de los inmigrantes en la sociedad de acogida[47].

II.1.2. *La actuación del legislador en clave de "ciudadanía"*

La CE no ofrece un concepto unívoco del término ciudadano, si bien es usado como sinónimo de nacionales, al igual que en determinados momentos adquiere, inclusive, un significado muy amplio[48].

---

[47] Siguiendo en esta idea a NARANJO DE LA CRUZ, R., *Op. Cit.*, pp.338-340. La CE admite una interpretación de la cláusula del art. 13.2 CE alejada de la que se ha venido haciendo hasta el momento, que impide totalmente la extensión al extranjero del derecho al voto en las elecciones municipales a falta de reciprocidad. Desde este punto de vista alternativo, el deber de consideración al criterio estudiado se cumpliría mediante un sistema legal de plazos que, en caso de concurrencia de reciprocidad, permitiera la atribución del derecho con períodos de residencia más reducidos, o incluso sin plazo alguno

[48] Así sucede en el Derecho de la nacionalidad y de la extranjería, donde siempre se ha de llevar a cabo la diferenciación con respecto a los términos nacional y ciudadano para alcanzar una mejor y mayor comprensión de las figuras jurídicas asociadas al estatuto del extranjero en España. *Vid.* sobre ello ORTEGA GIMÉNEZ, A (Dir.), HEREDIA SANCHEZ,

La Organización Internacional para las Migraciones (OIM, 2006) señala que el concepto de ciudadanía tiene dos significados principales: 1. Una condición legal de pertenencia a un Estado, o sea la nacionalidad de ese Estado; 2. Membresía (o cualidad de miembro) en una comunidad que no necesariamente se define como Estado-nación. Así, por ejemplo, la ciudadanía europea, la ciudadanía universal o la ciudadanía posnacional.

La misma OIM observa que en el análisis de las cuestiones relacionadas con la ciudadanía se debe lograr un equilibrio entre los derechos humanos de las personas y las potestades discrecionales de los estados soberanos. Así, la utilización frecuente de la ciudadanía como condición legal de pertenencia a un Estado conduce, con excesiva frecuencia, a confundir nacionalidad con ciudadanía.

Desde esta perspectiva general, la nacionalidad es hoy excluyente y la segunda, aunque no siempre lo sea, aparece como incluyente. Pero, como escribe ALÁEZ CORRAL "en contra de lo que se ha sostenido habitualmente, la evolución histórica de la nacionalidad y la ciudadanía nos demuestra que no ha existido un nítido y estático reparto de funciones entre una y otra; particularmente, la ciudadanía no siempre ha sido una categoría incluyente y la nacionalidad excluyente, como lo son hoy en día"[49].

Para definir el alcance que adquiere el uso del término ciudadano cuando se interpreta el art. 23.1 CE exige definir se hace referencia a los españoles y si la ley o el tratado que atribuye al extranjero el derecho al sufragio en las elecciones municipales se limita a ampliar el ámbito subjetivo de este derecho a quienes, por su nacionalidad, carecen del atributo de la ciudadanía; o si la norma incide en el significado que se le ha atribuir a este término

---

L. y LORENTE MARTÍNEZ, I., *Práctica del Derecho de la Nacionalidad y de la Extranjería en España*, Sepin, Madrid 2021, pp.19-32.

[49]   *Vid.* ALAEZ CORRAL, B. Nacionalidad, ciudadanía y democracia. ¿A quién pertenece la Constitución?, Centro de Estudios Políticos y Constitucionales, Madrid, 2006,

y, por tanto, incluyendo en él al extranjero que puede ejercer este derecho[50].

Una visión clásica del concepto de ciudadanía ligada a la nacionalidad puede sostenerse sobre una interpretación conjunta del art. 23.1 CE en relación con el primer inciso del art. 13.2 CE: "solamente los españoles" más, esta opción ignora indebidamente el último inciso del precepto constitucional, que impone en este punto una importantísima excepción al principio general que sostiene.

Una interpretación sistemática del art. 23.1 CE obliga a tener en cuenta el art. 13.2 CE en toda su extensión, de manera que, a los efectos de dicha disposición, ha de entenderse por "ciudadanos" a los nacionales españoles, salvo que, para el caso del derecho sufragio activo y/o pasivo en las elecciones municipales, la ley o los tratados dispusieran otra cosa mediante su atribución a los extranjeros[51].

La apertura del término "ciudadanos", utilizado en el art. 23 CE, a los extranjeros se puede deducir también de la jurisprudencia del TC ya que el mismo ha sostenido que "[…] no es el art. 23 el precepto que en nuestra Constitución establece los límites subjetivos determinantes de la extensión de la titularidad de los derechos fundamentales a los no nacionales. En nuestra Constitución dicha norma, atinente a este requisito de la capacidad, no es el art. 23, sino el art. 13, en cuyo primer párrafo se procede a extender a los extranjeros el ejercicio de todas las libertades públicas reconocidas en el Título I de la C.E. en los términos que esta-

---

[50] Es muy interesante el estudio al respecto realizado por DURÁN AYAGO, A. "Ciudadanía democrática vs. identidad nacional: los derechos políticos de los extranjeros en España", *Revista Castellano-Manchega de Ciencias Sociales*, Nº 19, 2015, pp. 85-101; VIDAL FUEYO, Mª. C. *Constitución y extranjería. Los derechos fundamentales de los extranjeros en España*, Centro de Estudios Políticos y Constitucionales, Madrid, 2002.
[51] Sobre la relación entre ambos términos *Vid.* RUBIO CASTRO, A. y MOYA ESCUDERO, M., "Nacionalidad y ciudadanía: una relación a debate", *Anales de la Cátedra Francisco Suárez*, 37 (2003), pp.105-153.

blezcan los tratados y la ley. Esta extensión se ve exceptuada por la cláusula del art. 13.2, que excluye de ella determinados derechos reconocidos en el art. 23, restringidos, en consecuencia, únicamente a los españoles. Pero esa exclusión no deriva, por tanto, de las previsiones del art. 23, que por sí mismo no prohíbe que los derechos allí reconocidos puedan extenderse, por ley o tratado, a los ciudadanos de la Unión Europea [...]"[52].

Del análisis de estas palabras surgen varias interrogantes que no siempre han sido atendidas de manera satisfactoria ni por la doctrina, pero tampoco por la jurisprudencia: ¿Permite el nacionalismo cívico que se reconozcan diferentes tipos o grados de pertenencia a la comunidad política estatal? ¿Qué grado de heterogeneidad es posible mantener en el interior de la comunidad política estatal? ¿Puede existir ciudadanía sin nacionalidad? Si la ciudadanía se concentra especialmente en el derecho a desempeñar cargos públicos y a participar en los mismos, y tal reconocimiento sólo se otorga a los nacionales, como integrantes de la comunidad política que conforma el Estado, ¿Puede diluirse este concepto para dar entrada en el estatus de ciudadanía a los no nacionales? ¿Qué efectos tendría esta acción sobre el concepto de soberanía? ¿Seré que abandonar el concepto de nacionalidad es la mejor manera de reconocer los derechos de los no nacionales y de los nacionales?[53]

Como señala DURÁN AYAGO la relación entre soberanía-pueblo-nacionalidad-ciudadanía ha sido una secuencia que se ha presentado con toda lógica durante el siglo XIX y buena parte del

---

[52]   Declaración 1/1992, FJ 3.B)

[53]   A varias de estas cuestiones intenta responder la doctrina como lo hace DURÁN AYAGO, A. *Op, Cit.* pp.107 y ss.; también DE LUCAS, asociando el término al de residencia, DE LUCAS, 2La ciudadanía basada en la residencia y el ejercicio de los derechos políticos de los inmigrantes", *Cuadernos Electrónicos de Filosofía del Derecho*, núm. 13, 2006, disponible en http://www.uv.es/cefd/13/delucas.pdf; consultado el 25/09/2022.; y en este mismo sentido, RUBIO CASTRO, A. y MOYA ESCUDERO, M., "Nacionalidad y ciudadanía: una relación a debate"... *Op. Cit.*, p.106.

XX. Sin embargo, anudar a la nacionalidad el concepto de ciudadanía, concebida ésta como capacidad de participación en la gestión de los asuntos públicos, siendo únicamente el ciudadano-nacional el que tiene derecho a postularse como representante en las instancias públicas y a elegir a quiénes van a representarlo en el campo político, no sólo es una secuencia que ha ido perdiendo racionalidad, sino que exige una reformulación más adaptada a los tiempos[54].

Una profundización en la idea de democracia exige romper esos estrictos moldes para dar cabida a la intervención de los ciudadanos, independientemente de su nacionalidad, en la vida política y pública puesto que son parte de esa vida. Y es que como señala HABERMAS, "la ciudadanía democrática no necesita quedar enraizada en la identidad nacional de un pueblo"[55]

Los límites subjetivos a la extensión de la titularidad del derecho fundamental reconocido en el art. 23 CE vienen establecidos en el art. 13 CE, el cual, a su vez, permite extenderla a los extranjeros para el derecho de sufragio activo y pasivo en las elecciones municipales, aquellos a los que les es reconocido este derecho por ley o tratado deben ser considerados, a los meros efectos que se trata, ciudadanos. No encontramos nada que se oponga a admitir la existencia de una pluralidad de significados del término "ciudadano"» en el mismo art. 23.1 CE, no solamente porque es un mero reflejo de la pluralidad de vertientes que presenta el derecho, *sino además y principalmente, porque viene expresamente autorizada por el art. 13.2 CE 44. Más bien carecería de sentido reconocer al extranjero el derecho al voto en el ámbito municipal y negarle allí mismo la condición de ciudadano a la que el propio art. 23.1 CE viene a anudar la titularidad de este derecho*[56].

---

[54] *Vid.* DURÁN AYAGO, A. *Op Cit.*, p.86
[55] *Vid.* HABERMAS, J. *La inclusión del otro: Estudios de Teoría política.* Paidós Ibérica, Barcelona, 1999.
[56] Entre otros autores, y siguiendo esta misma consideración *Vid.* DE ASÍS ROIG, R., "La participación política de los inmigrantes. Hacia una

La extensión de la titularidad del derecho al sufragio en las elecciones municipales a los extranjeros implica, en consecuencia, una operación de delimitación del ámbito subjetivo del derecho citado. No podemos dejar de fijarnos en el contenido normativo que conlleva el propio término "ciudadano", como es la concurrencia de unos rasgos mínimos de vinculación razonablemente necesarios para que se pueda presumir el interés de la persona en la gestión de los asuntos públicos gestionados en el correspondiente nivel local y poder contar con su participación en la definición de las políticas de las que posteriormente va a ser destinatario[57].

En cuanto al requisito de la residencia, además de tener su fundamento en diversas normas jurídicas de Derecho Público y Privado, ha sido desarrollado por los tratados bilaterales ratificados hasta el momento[58]. Estos han exigido para el reconocimiento

---

nueva generalización de los derechos", en AA.VV.AA., *Derechos fundamentales, valores y multiculturalismo*, Dykinson, Madrid, 2005, p. 216; DE LUCAS, J. y DÍEZ BUESO, L., *La integración de los inmigrantes*, Centro de Estudios Políticos y Constitucionales, Madrid, 2006, p. 36; ALÁEZ CORRAL, B., Nacionalidad, ciudadanía… *Op.Cit.,* pp. 290-291; GARCÍA VÁZQUEZ, S., El estatuto jurídico-constitucional… *Op. Cit.,* p. 226; GARCÍA SORIANO, Mª. V., "Sobre la viabilidad…", *Op. Cit.,* p. 261.

[57]   En este sentido *Vid.* OLIVETTI, M., Cuestiones sobre nacionalidad y ciudadanía", en BAEZ SILVA, C. y RIOS VEGA, E. (Edit. lit.) y AA.VV. *Ciudadanía, derechos políticos y justicia electoral en México: Memoria del IV Seminario Internacional del Observatorio Judicial Electoral,* Marcial Pons, Madrid, 2013, pp. 29-42

[58]   Varios Reglamentos Europeos de Derecho internacional privado, así como diversos convenios internacionales adoptados en el marco de la Conferencia de la Haya de Derecho internacional privado priorizan este criterio como foro de competencia judicial internacional, o bien como punto de conexión para la determinación del Derecho aplicable a la relación jurídica. En el sector de la competencia judicial internacional, p. ej., Reglamento (UE) 2019/1111 del Consejo, de 25 de junio de 2019, relativo a la competencia, el reconocimiento y la ejecución de resoluciones en materia matrimonial y de responsabilidad parental, y sobre la sustracción internacional de menores (Bruselas II ter) DOUE

del derecho que el extranjero se encuentre en posesión de la correspondiente autorización de residencia y que haya residido en España, legal e ininterrumpidamente, más de tres años (Acuerdo con Noruega) o durante, al menos, los cinco años anteriores a su inscripción en el censo electoral (para el resto de casos)[59].

En los tratados vigentes se ha tenido en cuenta el vínculo del extranjero con el Estado en su conjunto (con el total del territorio nacional) y no exclusivamente con el municipio en cuestión. Así, no se requiere una residencia legal y estable durante tres o cinco años en el municipio mismo en el que se va a ejercer el derecho al voto. La exigencia de un determinado período de residencia legal en España no es, sin embargo, suficiente para que un extranjero pueda ejercer el derecho al voto en las elecciones municipales; su configuración ha de atender, además, al art. 140 CE, como señala NARANJO, que refuerza la imagen constitucional de una ciudadanía vinculada en el ámbito local a la residencia, a la vez que obliga a que el extranjero pueda ser considerado vecino del municipio en el que va a ejercer el derecho al voto[60].

Esta es la razón por la que los tratados bilaterales ratificados en la materia disponen que los extranjeros ejerzan el derecho al voto en su municipio de residencia habitual, en cuyo padrón municipal deben figurar registrados. A diferencia de otros supuestos en los que la residencia ha actuado como requisito del ejercicio por extranjeros de un derecho constitucional, en este caso tal exigen-

---

núm. 178 de 2 de julio de 2019; Reglamento (CE) nº 593/2008 del Parlamento Europeo y del Consejo, de 17 de junio de 2008, sobre la ley aplicable a las obligaciones contractuales (Roma I), DOUE núm. 177 de 4 de julio de 2008.

[59]   NARANJO DE LA CRUZ, R., *Op. Cit.* pp-343-344. ECHEZARRETA FERRER, M. "La residencia habitual como criterio de determinación de la competencia judicial internacional en las relaciones civiles transfronterizas", en. ECHEZARRETA FERRER, M. (Coord.) *La residencia de los gerontoinmigrantes: Derechos y obligaciones de los jubilados extranjeros en los lugares europeos de retiro*, Tirant lo Blanch, Valencia, 2016, pp. 239-280.

[60]   NARANJO DE LA CRUZ, R. *Op. Cit.* p.344.

cia no puede ser entendida como una condición añadida e impuesta por el legislador como consecuencia de un mayor margen de actuación en relación con los derechos de los extranjeros, sino que se deriva de la configuración constitucional del derecho[61].

En otro plano, podemos plantearnos si los tratados internacionales, o bien la ley pueden exigir distintos períodos de residencia a los extranjeros en función de su nacionalidad de origen. Al respecto debemos considerar que si la CE otorga un trato privilegiado, a los efectos de concertar tratados de doble nacionalidad, a los países iberoamericanos o a aquellos que hayan tenido o tengan una particular vinculación con España, este mismo criterio puede amparar la imposición de un plazo de residencia inferior a los nacionales de estos países a los efectos del reconocimiento del derecho de sufragio en las elecciones locales, o yendo más allá, llegar a eximir de plazo como sucede con los nacionales de la UE.

A este razonamiento se añade que, al definir los plazos, el criterio anterior se podría combinar con el que resulte de la cláusula de reciprocidad, tal y como aquí ha sido interpretada. En este sentido, por ejemplo, se podría prever un plazo especialmente reducido, o incluso excepcionalmente la ausencia de plazo, para los extranjeros procedentes de países con una vinculación histórica con el nuestro si mediase reciprocidad, y uno algo más amplio en caso contrario; este último plazo, a su vez podría ser el mismo exigido a los nacionales del resto de Estados, si concurre el requisito de reciprocidad, quedando reservado a los demás sujetos un plazo mayor, que en todo caso sería conveniente que fuera inferior al requerido por el Código Civil para la adquisición por ellos de la nacionalidad[62].

En resumen, puede afirmarse que la atribución del derecho de sufragio a los extranjeros en las elecciones municipales supone su reconocimiento como ciudadanos, conforme al art. 23.1 CE. Es

---

[61]   Así se recoge en la STC 107/1984, FJ 4.
[62]   En esta línea ORTEGA GIMÉNEZ, A. El derecho al voto...*Op. Cit.*, p. 21.

por esta razón que cuando legislador aprueba normas en clave de ciudadanía está legitimado para imponer determinados requisitos que muestren la vinculación de la persona con el Estado para ejercer tal derecho, como es el de exigir una residencia legal prolongada.

II.1.3. El ejercicio del derecho. Condiciones

Tras analizar las cuestiones relativas a la reciprocidad y al legislador en clave de "ciudadanía", dedicaremos el presente epígrafe a estudiar el marco dentro del que se ha ejercer el derecho reconocido por la CE. En este punto la relación es compleja ya que a diferencia de lo que ocurre con el art. 13.1 CE, el apartado segundo del citado precepto constitucional es una norma exclusivamente referida a la titularidad de un derecho fundamental, el del art. 23 CE y no así a su régimen jurídico. En este punto se echa de menos a una remisión a la ley o los tratados respecto de los términos y las condiciones para su ejercicio[63].

Siguiendo el magnífico análisis realizado por NARANJO, podemos plantearnos en qué medida son aplicables a este derecho las consideraciones formuladas por el alto Tribunal en torno al art. 13.1 CE. ¿Cuál es el marco en el que debe realizarse el desarrollo normativo del ejercicio del derecho de sufragio de los extranjeros en las elecciones municipales? ¿Es de ayuda, en este punto, la conocida clasificación que realiza el TC respecto de los derechos fundamentales, en función de su apertura a la titularidad por extranjeros? *"En este sentido, debemos descartar, de entrada, que este derecho pueda ser considerado en la actualidad como especialmente vinculado a la dignidad de la persona. El criterio que sirve de guía a la inclusión de un derecho*

---

[63] Al respecto, STC 112/1991, FJ 2, en la que se afirma, tras referirse al art. 13.1 CE, que « (l)a propia Constitución, en el apartado 2. º de ese mismo precepto, deja abierta la posibilidad a la participación de los extranjeros en las elecciones municipales sometiéndola a dos condiciones: Al régimen jurídico que establezcan los Tratados o la Ley y a la existencia de reciprocidad» (STC 112/1991, FJ 2).

fundamental en la primera de las categorías es el de que se trate de «derechos que pertenecen a la persona en cuanto tal y no como ciudadano»[64].

Como resultado, vemos que el derecho al sufragio activo y pasivo se vincula expresamente por la CE a dicha condición de ciudadano y no a la persona física en sí misma. Como tampoco figura entre los derechos que la CE reconoce directamente a los extranjeros[65].

Sin embargo, el derecho al voto en las elecciones municipales sí cumple el presupuesto de la última de las categorías definidas por el TC, esto es la relativa a aquellos derechos que no son reconocidos directamente por la CE a los extranjeros pero que el legislador puede extender "aunque no sea necesariamente en idénticos términos que los españoles"[66].

Las características de la regulación constitucional del derecho de sufragio dificultan su diseño legal. Así, el TC concede al legislador mayor margen de libertad en la regulación de sus condiciones de ejercicio. Las STC 236/2007 (FJ 4) y STC 107/1984, FJ 4 disponen que el legislador puede extenderlos a los extranjeros «aunque no sea necesariamente en idénticos términos que los españoles, tal y como se ha señalado supra[67].

Ahora bien, debemos distinguir entre el reconocimiento de este derecho y su configuración jurídica. Por su parte, el reconocimiento tiene como fundamento el art. 13.2 CE y como efecto la atribución al extranjero de la misma condición de ciudadano que permite al nacional su ejercicio. De esta forma los extranjeros y

---

[64]   NARANJO DE LA CRUZ, R., *Op Cit.*, p. 346 y así también STC 107/1984, FJ 3; 236/2007, FJ 3.

[65]   STC 94/1993, de 22 de marzo, FJ 3 y STC 236/2007, FJ 4.

[66]   *Vid.* DURÁN MUÑOZ, R. y MARTÍN MARTÍNEZ, M *La integración política de los inmigrantes: la vía del sufragio*, Comares, Granada, 2008, pp. 90 ss.

[67]   En este proceso el legislador se encuentra con una serie de límites, también citados por el TC, como son: la imposibilidad de afectar a derechos imprescindibles para la garantía de la dignidad de la persona o al contenido delimitado para el derecho por la Constitución o por los tratados internacionales ratificados por España.

los nacionales se funden en la categoría unitaria de "ciudadanos", así se unifica la noción de ciudadanía que asume por igual a todas las personas que la conforman.

Es por esta razón que la ley o el tratado pueden extender a los extranjeros la titularidad del derecho al sufragio en las elecciones municipales y, así otorgarles a los extranjeros la condición de ciudadano en dicho ámbito, pero se encuentran, sin embargo, con limitaciones para establecer con total libertad el régimen jurídico de este derecho, tal y como hemos venido señalando[68].

Lo que no pueden los legisladores es decidir libremente los términos de dicho reconocimiento, imponiendo requisitos exorbitantes o no justificados suficientemente o que no cumplan las condiciones de proporcionalidad y respeto al contenido esencial que el propio TC ha requerido en alguna ocasión incluso respecto de los derechos de esta categoría[69].

Y respecto de estos requisitos, veamos a continuación el relativo a la inscripción en el censo electoral de extranjeros residentes en España (CERE) a efectos de ejercer el derecho al voto, respecto del cual parte de la doctrina llegó a afirmar que se trataba de una "misión imposible"[70].

La legitimidad de este requisito va asociada al objetivo que persigue. Así puede entenderse que la solicitud realizada por el

---

[68] Sobre ello son relevantes las aportaciones realizadas desde hace más de 30 años por CLOSA, C., "Citizenship of the Union and nationality of member States", *Common Market Law Review*, vol. 32, núm. 2, 1995, p. 490 y ss. Y más recientemente el estudio llevado a cabo por PAUNER CHULVI, C. "Reflexiones constitucionales sobre la propuesta limitativa del derecho de sufragio activo de los emigrantes: apéndice sobre el voto emigrante en las elecciones municipales y autonómicas en la Comunidad Valenciana de 27 de mayo de 2007", *Corts: Anuario de derecho parlamentario*, N°. 19, 2007, pp. 177-220.

[69] STC 236/2007, FJ 4 y STC 17/2013, FJ 2.

[70] Como por ejemplo, ORTEGA GIMÉNEZ, A., LÓPEZ ÁLVAREZ, A., y Cano Esquibel, M.J., "A vueltas con la integración...", *Op Cit.*, p. 14.

extranjero para su inscripción en el censo implicaría una previa declaración de su voluntad de votar; lo que confirma su vinculación efectiva al municipio, con su entorno local más cercano. De este modo, pasa a ser una manifestación del legislador en "clave de ciudadanía", ya que permite identificar al extranjero puede ser considerado "ciudadano" a los efectos del art. 23 CE[71].

Y según NARANJO DE LA CRUZ, planteamiento que seguimos, entre ciudadanía y derecho al voto, en el ámbito municipal, existe una relación tal que una no puede darse sin la otra: el ciudadano es titular del derecho al voto y el titular del derecho al voto es ciudadano. Por el contrario, la voluntad de votar no desempeña el mismo papel en nuestra cultura jurídica; solo puede entrar en juego conceptualmente en un momento posterior, es decir, una vez que ya se es considerado ciudadano y, por ello, titular del derecho, y siempre como manifestación de su ejercicio, no como requisito a su reconocimiento[72].

En definitiva, a diferencia de lo que sucede con los derechos civiles, los derechos políticos no son necesariamente ejercitables por todas las personas, ya que no se ha producido un desarrollo en paralelo a otros derechos, por lo que quedan limitados al considerarse tradicionalmente que "son prerrogativas específicas que ostenta el ser humano cuando posee la calidad de ciudadano de un Estado" y la ciudadanía se entiende, a su vez, vinculada a la nacionalidad[73]. La escasa discusión sobre derechos políticos de los migrantes se ha restringido prácticamente al derecho a sufragio, tanto activo como pasivo, pero no a otras manifestaciones de la ciudadanía que no es objeto del presente estudio, pero es igualmente relevante.

---

[71] *Vid.* GALVEZ MUÑOZ, L.A. "La acreditación del derecho a votar", en BIGLINO CAMPOS, P. (coord.), *Nuevas expectativas democráticas y elecciones*, Iustel, Madrid, 2008, pp-193-246.

[72] NARANJO DE LA CRUZ, R. *Op. Cit.* p.349.

[73] Como apunta BECA, Juan C. "Ciudadanía y migración. ¿Son compatibles?", *Estudios Constitucionales*, Año 17, N° 2, 2019, pp. 193-224.

III. Análisis del marco jurídico del derecho al voto de los ciudadanos extranjeros

III.1. EN EL ÁMBITO INTERNACIONAL Y EN LA UNIÓN EUROPEA

Un primer elemento de referencia al marco jurídico del derecho al voto de los ciudadanos extranjeros es la producción emanada de la Organización de las Naciones Unidas (en lo sucesivo, ONU), del Consejo de Europa, y de la propia Unión Europea (a continuación, UE), que constituyen las organizaciones internacionales que, en mayor o menor medida, se han pronunciado sobre este campo[74].

Por lo que respecta al ámbito de la **ONU**, pueden destacarse tres instrumentos básicos, que abogan por la concesión del derecho al voto exclusivamente a los nacionales.

1°) La **Declaración Universal de los Derechos Humanos**, proclamada por la Asamblea General mediante resolución 217

---

[74] *Vid.*, en sentido amplio, CHUECA SANCHO, Á. G. y AGUELO NAVARRO, P., "El derecho de voto de los extranjeros en España en perspectiva europea", en *Documentos CIDOB Migraciones*, 2009, N°. 19, pp. 17-30; DURÁN MUÑOZ, R.; MARTÍN MARTÍNEZ, M. y RODRÍGUEZ, Á., *La participación política de los extranjeros: estado de la cuestión*, Documento de Trabajo Serie Jurídico-Político JP2007/01, Sevilla: Fundación Centro de Estudios Andaluces, 2007, pp. 14-33; FLORES JUBERÍAS, C. y TENT A., "La extensión del derecho al sufragio de los extranjeros en España: ¿reforzando la igualdad o reinventando la ciudadanía?", en CONEJERO PAZ, E. y ORTEGA GIMÉNEZ, A. (Dirs.), *Inmigración, integración, medicación intercultural y participación ciudadana*, Alicante: Editorial Club Universitario, 2010, pp. 161-195.

A (III) de 1 de diciembre de 1948, que en su artículo 21 se refiere al *derecho de participación política* proclama que *toda persona tiene derecho a participar en el gobierno de su país, directamente o por medio de representantes libremente escogidos*; por tanto, excluyendo de su protección a los extranjeros residentes en un país que no sea el suyo;

2º) El **Pacto Internacional de Derechos Civiles y Políticos**, adoptado por la Asamblea General mediante resolución 2200 A (XXI) de 16 de diciembre de 1966), cuyo artículo 25 establece el derecho a *participar en la dirección de los asuntos públicos, directamente o por medio de representantes libremente elegidos* y a *votar y ser elegidos en elección periódicas, auténticas, realizadas por sufragio universal e igual y por voto secreto que garantice la libre expresión de la voluntad de los electores*; pero, sólo tras identificar como titular de tal derecho a *todos los ciudadanos*; y,

3º) La **Declaración sobre los derechos humanos de los individuos que no son nacionales del país en que viven**, adoptada por la Asamblea General mediante Resolución 40/144, de 13 de diciembre de 1985, que no contiene referencia alguna al voto de los inmigrantes.

En cuanto al **Consejo de Europa**, los instrumentos jurídicos que deben ser analizados, son tres, de naturaleza distinta:

1º) El **Convenio Europeo para la Protección de los Derechos Humanos y de las Libertades Fundamentales**, adoptado en Roma el 4 de noviembre de 1950. Aunque en el artículo 3 de su Protocolo Nº 1 (adoptado en París, el 20 de marzo de 1952) se proclama el derecho a unas elecciones libres mediante el compromiso de las Altas Partes Contratantes de *organizar, a intervalos razonables, elecciones libres con escrutinio secreto, en condiciones que garanticen la libre expresión de la opinión del pueblo en la elección del cuerpo legislativo*, no se identifica en él a los titulares de ese derecho más que con el término *pueblo*, que no parece susceptible de incluir a toda la población de un Estado en un momento dado, sino sólo a sus nacionales.

2º) El **Convenio europeo sobre participación de los extranjeros en la vida pública local**, de 5 de febrero de 1992[75]. Su artículo 6.1 dispone que *cada Estado Parte se compromete a reconocer el derecho de los extranjeros, con residencia legal y habitual durante cinco años, a ser electores y elegibles en las elecciones locales, sometiéndose a los mismos requisitos que los nacionales.* Por su parte, el artículo 6.2 del Convenio reconoce la posibilidad de que los Estados firmantes restrinjan este derecho meramente al sufragio activo (aunque también permite la posibilidad de que el plazo exigible de residencia sea inferior a 5 años). El Convenio también permite a los signatarios, limitar los órganos locales respecto de los que cabrá ejercitar el derecho de sufragio.

3º) Diversas **recomendaciones y decisiones no vinculantes emanadas del Consejo de Europa**. Entre ellas pueden citarse las Recomendaciones 712 (1973), 769 (1975) y 799 (1977) —todas ellas ratificadas mediante la 1500 (2001)—, en las que la Asamblea del Consejo de Europa ha apoyado, continuamente, la participación de los inmigrantes en la vida pública de su país de residencia mediante el reconocimiento del derecho de sufragio activo y pasivo en las elecciones locales, si aquella residencia lo era por al menos cinco años[76].

---

[75] Este Convenio, que entró el vigor el 1 de mayo de 1997, ha sido ratificado por Albania (2005), Dinamarca (2000), Finlandia (2001), Islandia (2004), Italia (1994), Noruega (1993), Países Bajos (1997) y Suecia (1993), mientras que han firmado la Convención, sin haber manifestado su consentimiento por el momento, Chipre (1996), Eslovenia (2006), Lituania (2008), la República Checa (2000) y el Reino Unido (1992).

[76] *Vid.* en particular, SANTOLAYA MACHETTI, P. y DÍAZ CREGO, M., *El sufragio de los extranjeros. Un estudio de Derecho comparado*, Madrid: Centro de Estudios Políticos y Constitucionales, 2008, pp. 29-30.

Por lo que se refiere a la **Unión Europea**[77], debe tenerse en cuenta la **Directiva 94/80/CE, por la que se fijan las modalidades de ejercicio del derecho de sufragio activo y pasivo en las elecciones municipales por parte de los ciudadanos miembros de la Unión residentes en un Estado miembro del que no sean nacionales**. Esta Directiva fija excepciones al derecho de sufragio en relación con Estados miembros en los que el porcentaje de población proveniente de otros Estados miembros exceda del 20% del conjunto de votantes comunitarios; y autoriza igualmente la exclusión de los comunitarios no nacionales del ejercicio de las funciones de alcalde, teniente de alcalde o miembro de un órgano colegiado de gobierno de un ente local básico.

Destaca especialmente la **Resolución del Parlamento Europeo sobre la situación de los derechos fundamentales en la Unión Europea (2000/2231(INI))**[78] que, en sus artículos 121-122, recomienda a los Estados Miembros que amplíen el derecho de voto a los ciudadanos de terceros países con años de residencia en la Unión Europea, y que extiendan el derecho de sufragio activo y pasivo en las elecciones municipales europeas —que el artículo 19 del Tratado Constitutivo de la Comunidad Europea concede a los ciudadanos de la Unión Europea—, a todos los ciudadanos de terceros países que residen legalmente en el territorio de la UE, desde hace como mínimo tres años.

En dicha Resolución se recomienda también a los Estados miembros que ratifiquen, los que aún no lo hayan hecho —como es el caso de España— la mencionada Convención Europea sobre la participación de los extranjeros en la vida pública local, de 5 de febrero de 1992, que recoge el compromiso de los Estados a conceder el derecho al sufragio activo y pasivo en las elecciones

---

[77]   *Vid.* en sentido amplio, SANTOLAYA MACHETTI, P. y DÍAZ CREGO, M., *El sufragio de los extranjeros. Un estudio de Derecho comparado,* Madrid: Centro de Estudios Políticos y Constitucionales, 2008, pp. 30-32.

[78]   *DOCE* C 65 E, 14-3-2002 (A5-0223/2001).

locales a los residentes extranjeros, siempre que cumplan las mismas condiciones que se exigen a los nacionales.

En la **Resolución del Parlamento Europeo sobre las estrategias y los medios para la integración de los inmigrantes en la UE 2006/2056 (INI)** se pide a los Estados miembros que promuevan la participación política de los inmigrantes y desalienten su aislamiento político y social; se pide a la Comisión que lleve a cabo un examen jurídico de las disposiciones existentes sobre la ciudadanía cívica europea en los diversos Estados miembros sobre el derecho de los inmigrantes residentes de larga duración a votar en las elecciones locales y municipales; y se alienta a los partidos políticos sindicatos y sociedad civil en su conjunto y en el ámbito nacional a incluir a los inmigrantes como miembros de pleno derecho a todos los niveles de sus estructuras.

Finalmente, por su parte, la Comisión Europea ha prestado atención a estas cuestiones y apuntado vías de acción en la **Comunicación sobre inmigración, integración y empleo (COM 2003/336)** y ha señalado que es deseable que los inmigrantes se conviertan en ciudadanos. Las leyes sobre la nacionalidad deben dar la oportunidad para el acceso a la misma, pues es una forma de facilitar la integración.

III.2. LA VISIÓN DE CONJUNTO DEL DERECHO ESPAÑOL

La voluntad del legislador español en cuanto a la extensión del derecho al voto a los extranjeros residentes legales en España, hoy día, es clara: reconocerlo sólo a aquellos nacionales de Estados que den el mismo tratamiento a los españoles (= exigencia de la reciprocidad)[79].

---

[79] *Vid.* en particular, DURÁN MUÑOZ, Rafael y MARTÍN MARTÍNEZ, Magdalena Mª y RODRÍGUEZ, Ángel (2007), *La participación política de los extranjeros: estado de la cuestión*, Documento de Trabajo Serie Jurídi-

Como ya vimos supra, el punto de partida en esta materia es nuestra CE, que señala, en su artículo 23, que *los ciudadanos tie-nen derecho a participar en asuntos públicos, directamente o por medio de representantes, libremente elegidos en elecciones periódicas por sufragio universal.* En esta línea, el artículo 13.2 de la propia CE[80] matiza que *solamente los españoles serán titulares de los derechos reconocidos en el artículo 23, salvo lo que, atendiendo a criterios de reciprocidad, pueda establecerse por tratado o por ley para el derecho al sufragio activo y pasivo en las elecciones municipales.*

Por otro lado, no debemos obviar lo prescrito en la Ley Orgá-nica de Régimen Electoral General (en lo sucesivo, LOREG) que reconoce el derecho de sufragio activo a los *residentes extranjeros en España cuyos respectivos países permitan el voto a los españoles en dichas elecciones, en los términos de un Tratado* (= artículo 176.1 de la LO-REG) y pasivo a las *personas residentes en España nacionales de países que otorguen a los ciudadanos españoles el derecho de sufragio pasivo en sus elecciones municipales en los términos de un Tratado* (= artículo 177.1 de la LOREG)

Por tanto, el derecho al voto sólo se reconocerá a los extran-jeros residentes en España nacionales de países que: a) celebren elecciones municipales democráticas; y, b) que no excluyan abso-lutamente este derecho a los extranjeros[81].

Así, en la actualidad, este derecho se reconoce ya a los residen-tes en España con nacionalidad de otros países de la UE. Por el

---

co-Político JP2007/01, Sevilla: Fundación Centro de Estudios Andalu-ces, pp. 37-41.

[80] Este precepto ha sido, hasta la fecha, el único que se ha modificado de nuestra Constitución Española —el 27 de agosto de 1992—, por existir contradicción entre su redacción anterior y el artículo 8.B del Trata-do Constitutivo de la Comunidad Europea, asumido por el Tratado de la Unión Europea, que otorga a todos los ciudadanos comunitarios el derecho de sufragio activo y pasivo en las elecciones municipales, con independencia del país de su residencia.

[81] *Vid.* MARTÍNEZ PUJALTE, A. L, *Los sistemas electorales españoles: Evalua-ción y propuestas de reforma*, Madrid: Dykinson, 2010 p. 124.

contrario, los nacionales extracomunitarios, en España, pueden votar en las elecciones municipales si un español puede ejercer su derecho al voto en el país de origen de éstos; es decir, gozarán del derecho de sufragio todos aquellos nacionales originarios de países con los que España tenga suscrito acuerdo o tratado internacional, en virtud del principio de reciprocidad[82].

En cualquier caso, si se toma la decisión de extender el derecho a voto en las elecciones municipales a los ciudadanos extracomunitarios residentes en España, se deben despejar algunos interrogantes[83]: en particular, el tipo de norma que ha de utilizarse, la "sumisión o no" al principio de reciprocidad, la extensión al derecho de sufragio pasivo; y, por último, los requisitos que habrán de exigirse a los extranjeros para que les sea reconocido el derecho de sufragio.

Veamos cada uno de ellos y tratemos de aportar soluciones:

1°) **¿Qué tipo de norma ha de utilizarse para tal fin?** En principio, podría optarse entre la vía de los acuerdos o tratados internacionales o la de la legislación interna, puesto que ambos cauces están expresamente previstos en la CE y permiten cumplir la exigencia constitucional sobre reciprocidad.

Antes analizamos las ventajas de la ley, veamos ahora las que aportan los tratados, que sin duda radica en una mayor seguridad jurídica, en cuanto facilita la constatación de la existencia de reciprocidad en relación con los Estados con

---

[82] *Vid.* en sentido amplio, sobre el fundamento, concepto y alcance del principio de reciprocidad, VACAS FERNÁNDEZ, F. "El principio de reciprocidad como condición del reconocimiento del derecho al sufragio de extranjeros en las elecciones municipales en España y sus implicaciones desde el Derecho Internacional", *Revista de Derecho migratorio y extranjería*, 2010 N°. 20, pp. 82-86.

[83] *Vid.*, en particular, "Informe del Consejo de Estado sobre las propuestas de modificación del régimen electoral general", pp. 30-83, disponible en http://www.consejo-estado.es., consultado el 12/10/2022.

los que se han celebrado aquellos, aparte de los logros que puedan obtenerse en relación con la situación de españoles residentes en el extranjero. Es la vía "más idónea para garantizar el cumplimiento de la exigencia constitucional de reciprocidad, y verificar la identidad sustancial de las condiciones con que se reconoce el derecho de sufragio a los españoles en el país de que se trate ya los nacionales de ese país en España"[84].

La vía legislativa tiene la ventaja de una mayor virtualidad expansiva del derecho de sufragio (en cuanto no exige la existencia de tratado) y de una mayor agilidad (en cuanto permite el reconocimiento desde el momento en que existe reciprocidad, sin necesidad de promover la celebración de un tratado).

Esta vía hace innecesaria la búsqueda de voluntades estatales concurrentes y se identifica más con la decisión unilateral del Estado español de extender derechos políticos a los extranjeros residentes en España (o a algunos de ellos). Ahora bien, ello no quiere decir que el legislador pueda establecer sin más aquella extensión subjetiva del derecho de sufragio, sino que habrá de hacerlo "atendiendo a criterios de reciprocidad", lo que supone una mayor complejidad en cuanto a la concreción de esa exigencia, cuestión que se abordará a continuación.

En definitiva, nuestro legislador ha optado por la vía del tratado internacional para reconocer el derecho al voto a los extranjeros residentes legales en España. Hoy día, como veremos, no son muchos los acuerdos celebrados por España que reconozcan a los extranjeros de uno y otro Estado el derecho de sufragio en las elecciones municipales en el Estado de residencia; y, en la mayoría de los casos, se trata

---

[84]   *Vid.* MARTÍNEZ PUJALTE, A. L., *Los sistemas electorales españoles: Evaluación y propuestas de reforma, Op, Cit.*, p. 125.

de acuerdos que no reconocen directamente el derecho, sino que se remiten a lo que se disponga en acuerdos complementarios[85].

2°) ¿El derecho al sufragio debe reconocerse sólo en virtud del principio de reciprocidad? La concreción de la reciprocidad es un problema que se plantea, fundamentalmente, en relación con aquellos Estados con los que no se celebren tratados. No obstante, podrían suscitarse dudas cuando el objeto del tratado sea más amplio que el simple reconocimiento mutuo del derecho de sufragio de los residentes en las elecciones municipales, y no exista correspondencia entre las obligaciones asumidas por los Estados en relación con ese reconocimiento (por ejemplo, en caso de que se hayan formulado reservas, de mayor o menor alcance, por alguno de los Estados Parte en un convenio multilateral).

En ausencia de tratado, la ley puede reconocer el derecho de sufragio, atendiendo a criterios de reciprocidad. En la medida en la que se pretenda otorgar una mayor fuerza expansiva al reconocimiento, se proponen las siguientes líneas generales de actuación:

a) Evitar un régimen de reciprocidad completa, de forma que, en todo caso, quede reconocido el derecho de sufragio de los extranjeros residentes en España que sean nacionales de Estados que reconozcan a los españoles el derecho de voto en sus elecciones locales.

b) La ley puede establecer la regla general de que se reconocerá el derecho de sufragio a los nacionales de aquellos países que cumplan unas exigencias básicas de reciprocidad, para lo que sería necesario fijar cuáles son esas reglas mínimas de reciprocidad que deben

---

[85] *Vid.*, en particular, sobre los Acuerdos bilaterales adoptados por España en la materia, VACAS FERNÁNDEZ, F., "El principio de reciprocidad…, *Op Cit.*, pp. 88-91.

concurrir para poder acceder al reconocimiento del derecho de sufragio. Son múltiples las fórmulas imaginables y lo importante es que los criterios de reciprocidad estén siempre presentes, en uno u otro grado.

c) La ley puede establecer los términos del reconocimiento (cuando haya de tener lugar) y unos requisitos comunes aplicables con carácter general a todos los extranjeros a los que se les pueda reconocer el derecho. También podrían establecerse unos pocos grupos de extranjeros, según el Estado de origen, con ligeras variaciones de régimen entre ellos (por ejemplo, en cuanto al periodo de residencia previa exigida); pero este tipo de diferencias no se imponen por fuerza en virtud de las exigencias constitucionales de reciprocidad.

d) Por último, habrá de determinarse el órgano al que se encomienda el control de la reciprocidad. Parece razonable atribuir ese control al Gobierno, que habría de examinar la concurrencia o no de reciprocidad en relación con cada Estado, de acuerdo con lo fijado en la ley y en ejecución de ésta.

e) Un problema específico podría plantearse con los Estados federales, en los que pueden convivir distintos regímenes sobre el reconocimiento del derecho de sufragio a los extranjeros, de forma que la reciprocidad podría apreciarse con alguno de los Estados federados, regiones, provincias o cantones que los integran, pero no con otros. Ahora bien, a la vista del alcance, limitado y no rígido, que la Constitución da a la exigencia de reciprocidad, podría afirmarse la compatibilidad con la Constitución de una previsión legal que reconociera el derecho de sufragio —en las elecciones municipales— a los extranjeros de tales Estados: se atendería a criterios de reciprocidad y, en los casos de coexistencia en un mismo Estado (federal) de regímenes diversos, se optaría por la solución más favorable al reconocimiento del derecho.

3°) ¿La extensión del derecho de sufragio de los extranjeros habría de limitarse al sufragio activo o debe extenderse también al sufragio pasivo? Los fundamentos de la extensión del derecho de sufragio operan tanto en relación con el sufragio activo como respecto del pasivo, si bien con más intensidad en el caso del primero. Los textos internacionales y europeos a que se hizo referencia reflejan diferencias acerca de la importancia que se da a uno y otro; así, el Convenio del Consejo de Europa sobre participación de extranjeros en la vida pública en el ámbito local especifica que los Estados contratantes pueden limitar el reconocimiento al derecho de voto (con exclusión por tanto del derecho de sufragio pasivo).

Por otra parte, esta opción puede cobrar más fuerza en España, habida cuenta del nivel de autonomía local, constitucionalmente garantizado. Además, no deben ignorarse las mayores dificultades, e incluso el efecto restrictivo sobre el reconocimiento del derecho a voto, que la exigencia y aplicación de la reciprocidad puede suponer cuando la cuestión se analiza en relación con el derecho de sufragio, considerado en sus dos vertientes, activa y pasiva.

Por lo demás, un reconocimiento limitado al derecho de sufragio activo es más coherente con un sistema jurídico como el español que, incluso para los nacionales de los Estados miembros de la UE, limita el acceso a la función pública, mediante la exclusión de aquellos empleos *que directa o indirectamente impliquen una participación en el ejercicio del poder público o en las funciones que tienen por objeto la salvaguardia de los intereses del Estado o de las Administraciones Públicas*[86].

---

[86] Según prevé el artículo 57 de la Ley 7/2007, de 12 de abril, del Estatuto Básico del Empleado Público.

4°) ¿Qué requisitos habrán de exigirse a los extranjeros para que les sea reconocido el derecho de sufragio? En primer término, ha de limitarse a los extranjeros que sean residentes legales.

También la exigencia de un periodo previo de residencia es consistente con la fundamentación de la extensión (en cuanto la vinculación efectiva con un municipio determinado aumenta progresivamente con la residencia), considerando además que, ejercido el derecho de voto, sus efectos se prolongan durante el periodo de mandato, por lo que es razonable que el voto se reconozca a quienes tienen una residencia habitual o con vocación de permanencia (lo que puede plasmarse en una manifestación de voluntad sobre su opción de ejercer el derecho en España). Reflejo de ello es que la exigencia de un periodo previo de residencia constituye requisito habitualmente recogido en los instrumentos internacionales a que se hizo referencia en su momento.

Ciertamente, el reconocimiento del derecho de voto a los extranjeros residentes se vincula a la estabilidad de la residencia y esa estabilidad se traduce en un periodo de residencia previa de cinco años en el Convenio del Consejo de Europa sobre participación de extranjeros en la vida pública en el ámbito local. Pero la estabilidad de la residencia no es el único elemento que fundamenta el reconocimiento del derecho de sufragio en las elecciones locales, como ya se puso de manifiesto.

Reflejo de ello es el hecho de que el artículo 7 del citado Convenio contemple la posibilidad de que cualquier Estado Parte establezca, unilateralmente o mediante acuerdo bilateral o multilateral, un periodo de residencia menor al de cinco años previsto en el artículo 6. Pero, sobre todo, es reflejo de aquella fundamentación más compleja y no limitada a la estabilidad de la residencia la situación existente entre los Estados miembros de la Unión Europea, a cuyos nacionales no se les exige periodo de residencia previa para participar en las elecciones locales españolas. A ello cabe añadir la experiencia de otros modelos de Derecho comparado, como son los de la *Commonwealth* o los de países de lengua oficial portuguesa. Todo ello avala la exigencia de un menor periodo de residencia previa a los nacionales de países iberoamericanos o de aquellos que hayan tenido o tengan una particular vinculación con España, que podría fijarse, como se ha dicho, en dos años.

En todo caso, condiciones para el ejercicio del derecho al voto en las elecciones municipales españolas por parte de los ciudadanos extracomunitarios nacionales de los Estados en cuestión son los siguientes:

a)   estar en posesión de la correspondiente autorización de residencia en España;

b)   haber residido en España, legal e ininterrumpidamente durante, al menos, los cinco años anteriores a su solicitud de inscripción en el censo electoral;

c)   ejercerán el derecho de voto en el Municipio de su residencia habitual, en cuyo padrón deberán figurar inscritos; y,

d)   la inscripción en el censo electoral de extranjeros residentes en España, requisito indispensable para poder ejercer el derecho de sufragio, se hará a instancia de parte. Esta instancia se presentará en el Ayuntamiento en cuyo padrón municipal figure inscrito. El plazo de presentación se fijará para cada elección.

Por el contrario, las condiciones para el ejercicio del derecho al voto por parte de los ciudadanos españoles en las elecciones municipales "extranjeras" vendrían a ser las siguientes:

a)   los ciudadanos deben haber cumplido la edad de dieciocho años o mayores y quienes en la fecha calificadora, siendo el noveno día después del comienzo de las inscripciones electorales, tienen residencia o habrían residido en el Estado en cuestión, por un período continuo de por lo menos cinco años antes de tal fecha;

b) los ciudadanos deben haber residido por un período de por lo menos dos meses inmediatamente antes de la fecha calificadora en ese distrito electoral o habrían sido residentes en ese distrito inmediatamente antes de proceder del Estado en cuestión;

c) los ciudadanos han o habrían residido dentro de diez millas de la Ciudad o del Municipio y durante ese período han o habrían ocupado cualquiera propiedad alquilada en la Ciudad o el Municipio o han o habrían ocupado una propiedad siendo el propietario;

d) los ciudadanos deben haber solicitado y obtenido el estatuto de residente en el estado en cuestión; y,

e) los ciudadanos deben haber solicitado y obtenido su inscripción en la lista de electores.

III.3. EL EJERCICIO DEL DERECHO AL VOTO DE LOS NACIONALES DE REINO UNIDO TRAS EL BREXIT

El Acuerdo entre el Reino de España y el Reino Unido de Gran Bretaña e Irlanda del Norte sobre la participación en determinadas elecciones de nacionales de cada país residentes en el territorio del otro, hecho en Madrid el 21 de enero de 2019[87], reconoce el derecho de sufragio activo y pasivo a los ciudadanos británicos que residan en España.

---

[87] Entrada en vigor del Acuerdo entre el Reino de España y el Reino Unido de Gran Bretaña e Irlanda del Norte sobre la participación en determinadas elecciones de nacionales de cada país residentes en el territorio del otro, hecho en Madrid el 21 de enero de 2019, cuya aplicación provisional fue publicada en el "Boletín Oficial del Estado" núm. 41, de 16 de febrero de 2019, BOE núm. 73 de 27 de marzo de 2023.

Dicho Acuerdo fue tomado sobre la base del interés en fomentar la participación de los nacionales del Reino de España residentes en el Reino Unido de Gran Bretaña e Irlanda del Norte en las elecciones de gobiernos locales y de alcaldes y en las elecciones de alcaldes de autoridades que comprenden dos o más municipios, tal como se definen en la legislación del Reino Unido, por una parte; y por otra, con el objetivo, de que los nacionales del Reino Unido de Gran Bretaña e Irlanda del Norte residentes en el Reino de España participen en las elecciones municipales del Reino de España;

De acuerdo con el art. 3 de este texto legal, tal y como sucede con otros Estados, el Reino de España se compromete a conceder a los nacionales del Reino Unido que residan legalmente en el Reino de España el derecho de *sufragio activo y pasivo* en las elecciones municipales del Reino de España, en las mismas condiciones que los españoles[88].

De acuerdo con ello se han de cumplir los requisitos: a) estar en posesión de la correspondiente autorización de residencia en España; b) haber residido en España, legal e ininterrumpidamente durante, al menos, los tres años anteriores a su solicitud de inscripción en el censo electoral; c) ejercer el derecho de voto en el municipio de su residencia habitual, en cuyo padrón municipal

---

[88] Sobre el ejercicio del derecho al voto en las elecciones locales de los países miembros de la Unión Europea donde residen legalmente los nacionales de Reino Unido ya tuvo oportunidad de pronunciarse el TJUE en la STJUE STJ, Gran Sala, 9 Jun. 2022. Asunto C-673/20: Préfet du Gers e Institut national de la statistique et des études économiques, en la que analiza su supresión del censo electoral de los estados miembros. *Vid* los comentarios esta sentencia realizados por JÄÄSKINEN, Nilo, "Derecho de sufragio activo y pasivo en las elecciones municipales del Estado miembro de residencia de los nacionales británicos tras el Brexit: STJ, Gran Sala, 9 Jun. 2022. Asunto C-673/20: Préfet du Gers e Institut national de la statistique et des études économiques", *La Ley Unión Europea*, num, 105, 2022.

deberán figurar inscritos; d) la inscripción en el Censo electoral de extranjeros residentes en España[89].

Téngase en cuenta que la situación de los nacionales británicos con respecto al ejercicio del derecho al voto como ciudadanos europeos quedó limitado a las elecciones municipales tras la salida de la Unión Europea[90].

---

[89]   Los nacionales del Reino Unido quedarán excluidos del derecho de sufragio pasivo por las mismas causas que dispone la ley en relación con los nacionales del Reino de España.

[90]   Sobre este tema *Vid* el análisis realizado por `PACHECO BARRIO, Manuel, "El Brexit y el euroescepticismo en las elecciones europeas 2019", *Revista Aequitas. Estudios sobre historia, derecho e instituciones El Brexit y el euroescepticismo en las elecciones europeas 2019*, N°. 15, 2020, pp. 311-359

IV. El derecho al voto de los ciudadanos extranjeros en Derecho comparado

Antes de realizar un análisis de la situación del derecho de sufragio activo y pasivo de los extranjeros en España, resulta interesante, al menos, dibujar el panorama en Derecho comparado, distinguiendo entre: a) los Estados miembros de la UE; y, b) terceros Estados[91].

IV.1. EL DERECHO AL VOTO DE LOS CIUDADANOS EXTRANJEROS EN LOS ESTADOS MIEMBROS DE LA UNIÓN EUROPEA

En el ámbito de la UE, la participación política activa y pasiva a los residentes extranjeros de terceros países no goza de una regulación homogénea (aunque, en la mayoría de ellos, el criterio-base es la residencia). A grandes rasgos tenemos que se exige reciprocidad en España, Malta, Portugal y la República Checa.

En algunos Estados miembros, de hecho ya se reconoce el derecho al voto a los inmigrantes que hayan residido durante cierto tiempo: es el caso de Irlanda (desde 1963, a partir de seis meses de residencia), Suecia (desde 1975, a partir de tres años de residencia, y sin condiciones para los nacionales de Islandia y Noruega), Dinamarca (desde 1981, a partir de tres años de residencia), y Holanda (desde 1985, a partir de cinco años de residencia). Bélgica reformó su Constitución en 1998, y desde 2004 permite el dere-

---

[91] *Vid.*, en sentido amplio, SANTOLAYA MACHETTI, P. y DÍAZ CREGO, M., *El sufragio de los extranjeros. Un estudio de Derecho comparado*, Madrid: Centro de Estudios Políticos y Constitucionales, 2008.

cho al voto. En Luxemburgo se exigen cinco años de residencia, y Finlandia concede derecho al voto a extranjeros de otros países escandinavos con dos años de residencia. En cambio, en otros Estados, p. ej., en Francia, ni siquiera se contempla la posibilidad[92].

Un somero análisis de los ordenamientos de los Estados miembros de la UE nos permite concluir que existen varios grupos de interés a diferenciar:

a) **Países que permiten el ejercicio del derecho de sufragio a determinados colectivos de extranjeros en todo tipo de elecciones.** P. ej., <u>Gran Bretaña</u>, que otorga el derecho de sufragio en las elecciones parlamentarias y en las locales a los ciudadanos de la *Commonwealth* o de la República de Irlanda, e <u>Irlanda</u>, que permite el derecho al sufragio en las elecciones parlamentarias a los ciudadanos británicos y en las elecciones locales a todas las personas, sin distinción por razón de nacionalidad, residentes en la circunscripción correspondiente.

b) **Países que permiten el derecho de sufragio a los extranjeros sólo en las elecciones locales.** P. ej., Bélgica, Dinamarca, Eslovaquia, Eslovenia, Estonia, Finlandia, Hungría, Lituania, Luxemburgo, Países Bajos y Suecia.

c) **Países que exigen la reciprocidad para el ejercicio del derecho de sufragio a los extranjeros.** P. ej., España y Portugal.

d) **Países que reservan sólo a los nacionales el derecho de sufragio en todo tipo de elecciones.** P. ej., Alemania, Austria, Bulgaria, Chipre, Francia, Italia, Grecia, Letonia, Malta, Polonia y Rumanía.

---

[92]   *Vid.* GARCÍA SORIANO, M. V., "Sobre la viabilidad de la participación política de los extranjeros en las elecciones municipales", en *Cuadernos Constitucionales de la Cátedra Fadrique Furió Ceriol*, N°. 60/61, 2007, p. 269.

IV.2. EL DERECHO AL VOTO DE LOS CIUDADANOS EXTRANJEROS EN TERCEROS ESTADOS

En el caso de terceros Estados, y con la vista puesta en la búsqueda de la *reciprocidad*, que exige nuestra CE para que los ciudadanos extranjeros puedan ejercer el derecho de sufragio en España, ahora, podemos diferenciar los siguientes grupos de interés:

a) **Países con los que SÍ sería posible** (como ya se ha hecho en la mayoría de casos) **la ratificación de Acuerdos de reciprocidad.** P. ej., Noruega, Islandia, Bolivia, Chile, Colombia, Paraguay, Perú, Uruguay y Venezuela.

b) **Países con los que NO sería posible la ratificación de Acuerdos de reciprocidad**, ya que reservan el derecho de sufragio sólo a sus nacionales. P. ej., Cuba, Costa Rica, El Salvador, Guatemala, Honduras, México, Nicaragua, Panamá, República Dominicana, Rusia, Ucrania, Liechtenstein, Argelia, China, EE.UU., Filipinas, Gambia, Ghana, Guinea Ecuatorial, India, Mali, Marruecos, Mauritania, Nigeria, Pakistán y Senegal.

c) **Países con los que sería DIFÍCIL la ratificación de Acuerdos de reciprocidad**, bien por su estructura federal —p. ej., Argentina y Suiza—, bien por su relación constitucionalmente privilegiada con un tercer país —p. ej., Brasil (con Portugal) y Puerto Rico (con EE.UU.)—.

V. Estado actual de la cuestión y perspectivas de futuro: condiciones para la extensión del derecho al voto en las elecciones municipales a los ciudadanos extracomunitarios en España

La extensión del derecho al voto a los extranjeros residentes legales en España ratifica el carácter histórico, sociocultural, sociopolítico, global e interestatal del fenómeno migratorio. A día de hoy, como hemos comentado, se han firmado 12 Acuerdos, en régimen de reciprocidad, con aquellos países que ya reconocen (o tienen intención de reconocer) el derecho de voto a los ciudadanos españoles, aunque se han negociado otros tantos que no han dado frutos en estos años, como por ejemplo con Argentina[93] y Burkina Faso[94].

---

[93]   En el caso de Argentina, el número de sus residentes en España es de 91.423 personas, a fecha del 30 de septiembre de 2008, de los que únicamente los mayores de edad serían titulares del derecho al voto, y el número de residentes españoles en Argentina, incluidos en el Censo Electoral de Residentes Españoles en el Exterior (CERA), es a la misma fecha de 271.895. El Acuerdo establece que, conforme con el Derecho argentino, los nacionales españoles tienen derecho a voto en las elecciones municipales de la República Argentina en los casos y en las condiciones que establecen cada Provincia y la Ciudad Autónoma de Buenos Aires, al ser las elecciones municipales competencia exclusiva de estas últimas. A continuación, en virtud del criterio de reciprocidad que establece el artículo 13.2 de la Constitución, se reconoce a los nacionales argentinos residentes en España el derecho a voto en las elecciones municipales españolas. En un Anejo al Acuerdo se recogen las condiciones para el ejercicio del derecho de voto por parte de los ciudadanos argentinos. Podrán votar en las elecciones municipales quienes hayan residido en España, legal e ininterrumpidamente durante, al menos, los cinco años anteriores a su solicitud de inscripción en el censo electoral.

Como hemos visto, en España se ha optado por la vía del tratado internacional para dar cumplimiento al mandato constitucional
de la reciprocidad, sin prestarle mucha atención al desarrollo de
la reciprocidad a través de la ley, vía que, como ya se ha señalado,
permitiría sortear de mejor modo las múltiples dificultades que
presenta la firma de tratados país por país, produciendo un fuerte
impacto en la conquista del derecho al voto por parte de los extranjeros residentes en España y en la mejora democrática, haciéndoles
partícipes del desarrollo democrático del país que les acoge[95].

Tal como indicamos más arriba, es de justicia señalar que estos
tratados representaron un paso adelante en comparación con la
primera fase que tuvo lugar entre finales de los años 80 y principios de los 90, en cuanto que muestran una voluntad política más
decidida a avanzar en este ámbito.

Sin embargo, se puede cuestionar el resultado efectivo del proceso, tanto desde una perspectiva general como desde la específi-
ca que afecta a los 12 instrumentos internacionales concretos que
ha sido objeto de nuestro análisis. Se evidencian de nuevo las gra-
ves dificultades que conlleva la «vía» de suscripción de tratados internacionales bajo el criterio de reciprocidad para la ampliación
del derecho de sufragio de las personas extranjeras residentes España en el ámbito municipal ya que la exigencia de reciprocidad
impide acceder al sufragio municipal a los residentes nacionales
de países no democráticos y es susceptible de convertirse en una
mera herramienta para los intereses de la política exterior española.

---

[94]   Conviene tener en cuenta el estudio realizado por ARCE JIMÉNEZ,
C, Análisis de los tratados internacionales para el reconocimiento del
derecho de sufragio local a personas extranjeras residentes en España
que no ostentan la ciudadanía europea, *Revista de Estudios de la Administración Local y Autonómica: Nueva Época*, N°. 11, 2019, pp.139-155.

[95]   *Vid.* ALARCÓN REQUEJO, J. "Derechos políticos de los latinoamericanos en España y participación en elecciones locales", en ESCRIVÁ,
A., BERMÚDEZ, A. y MORAES, N., *Migración y participación política*, Madrid: CSIC, 2009, pp. 61-63.

Existen asimetrías internas y externas en varios de los tratados en vigor y en lo que se refiere a los nacionales de países sin tratados[96], se podría sostener que los Estados con los que se suscribieron los instrumentos vigentes eran los únicos con los que era factible cumplir las exigencias de reciprocidad[97].

En todo caso, debemos aprovechar la ocasión para recordar que algunos de los colectivos más numerosos, como los marroquíes (más de 700.000 residentes en España) —al no reconocer Marruecos el derecho de sufragio a los extranjeros en las elecciones municipales— o los nacidos en China (más de 140.000) —que no es considerada un Estado democrático—, Guinea Ecuatorial, Brasil, Guatemala, la República Dominicana, India, Argelia, Pakistán, Nigeria o Rusia no podrán participar en las próximas elecciones municipales —ni en las de 2011 ni, de momento, en las futuras elecciones—, si en sus países de origen no se reforma la legislación para reconocer el mismo derecho a los españoles que residen allí (o, se lleva a cabo la reforma legislativa en España).

A lo largo del año 2010, las elucubraciones sobre el número extranjeros con derecho a voto en las elecciones locales del 2011 fueron de lo más variopintas, así como sus posibles efectos sobre las elecciones a los ayuntamientos De hecho, desde algunas instituciones y partidos políticos, se lanzó el mensaje erróneo de que casi un millón y medio de extranjeros con derecho de sufragio activo ejercerían el citado derecho en las elecciones municipales, y podrían inclinar la balanza en los municipios a favor de determinados partidos políticos. Pero la realidad fue bien distinta.

Es la Oficina del Censo Electoral[98] la que nos ofrece los resultados exactos, de los que podemos obtener conclusiones y posibles

---

[96] Sobre estas asimetrías, *Vid.* ARCE JIMÉNEZ, C. *Op cit.*, pp.147-148.
[97] *Vid.* IBÁÑEZ MACÍAS, A. "El derecho de sufragio de los extranjeros", *Cuadernos Bartolomé de las Casas*. Madrid: Dykinson, 2009.
[98] https://www.ine.es/ss/Satellite?L=es_ES&c=Page&cid=125473578898 8&p=1254735788988&pagename=CensoElectoral%2FINELayout, consultado el 30/11/2023.

expectativas de futuro. En efecto, en las primeras elecciones municipales celebradas tras la incorporación del voto inmigrante no europeo, del 22 de mayo del 2011, el número total de ciudadanos comunitarios y extracomunitarios con derecho de sufragio activo reconocido —inscritos en el censo electoral— alcanzaba la cifra de 479. 933, de un total de 35.390.384, siendo el 1,3 % de electores potenciales en toda España. De ese medio millón de ciudadanos sólo 51.216 son extracomunitarios, por lo que el porcentaje sobre el total no alcanzó el 11 % del total de votantes no nacionales. En definitiva, un 0,4 % de votantes extracomunitarios electores.

En lo que se refiere al número de electores extranjeros por provincias en esa primera experiencia los resultados hablaron por sí mismos; Alicante con 77.827, Madrid con 67.868, y Barcelona con 41.385 son las tres provincias con mayor número de electores, mientras que Ávila con 839, Zamora con 734, y Palencia con 494, están a la cola de las tres provincias con menos electores potenciales.

Esta lectura también pone de manifiesto que los flujos migratorios en España tienen su equivalencia en un mayor número de ciudadanos europeos y extracomunitarios en los procesos electorales. No obstante, los datos ponen de manifiesto que sólo un 14% de los posibles votantes acudieron a las oficinas habilitadas por los ayuntamientos para registrarse como electores, cuando esas iniciales expectativas auguraban otras cifras. De estos, más de 350.000 extracomunitarios pudieron hacerlo, aunque en la práctica sólo 51.216 lo hicieron[99].

Por ello, merece la pena detenerse en esta cuestión para analizar las causas y responder a la pregunta siguiente: ¿El nivel de participación electoral señala el grado de integración de nuestros inmigrantes? Si nos atenemos a los datos facilitados por el Instituto Nacional de Estadística, a través de la Oficina del Censo Electoral,

---

[99]   *Vid.* CARRASCO DURÁN, M., "El derecho de voto de los extranjeros en las elecciones municipales. Nuevas realidades", *Revista de la Fundación Democracia y Gobierno Local,* Febrero 2010, p.153.

parece obvio que no. Y qué duda cabe, uno de los factores a tener en cuenta en el proceso de integración de los inmigrantes es la participación electoral, pues la misma coadyuva en una mayor cohesión social, en la identificación de todos con los problemas que afectan a una sociedad de la que formamos parte, y en definitiva, en el sentimiento de pertenencia en la sociedad de acogida.

Entonces, ¿por qué los ciudadanos extracomunitarios —**y también los comunitarios**— **han tenido a lo largo de estos años una participación tan baja?**, en un proceso en el que el ejercicio de un derecho como el de participación política supone la máxima expresión de la soberanía nacional como cimiento en el que se asienta una sociedad democrática. Los motivos, a nuestro juicio son diversos, y consideramos que los mismos pueden resumirse en los siguientes:

En cuanto al nivel de participación política de los ciudadanos extracomunitarios en la UE, puede decirse que, de los 27 estados miembros de la UE, sólo 16 reconocen el derecho de participación política a los ciudadanos extranjeros, y en estos países la participación electoral es menor que las de los nacionales[100].

A modo de ejemplo, en las elecciones locales celebradas en mayo del 2011, la participación total en los comicios se cifró en un 66,23 %, lo que supone que un tercio de la población con derecho a voto se abstuvo. Y si extrapolamos ese dato a la población extracomunitaria, sólo una sexta parte de los ciudadanos con derecho a voto ejercieron ese derecho, lo que nos sitúa en mayor o menor medida, en línea de los países comunitarios[101].

---

[100]   *Vid.* ARCE JIMÉNEZ, C., *Op Cit.* p. 148
[101]   Un magnífico análisis sobre este proceso electoral puede encontrarse en MOYA MALAPEIRA, D. y VIÑAS FERRER, A., El sufragio de los extranjeros en las elecciones municipales de 2011 en España, *Anuario CIDOB de la inmigración*, N°. 2011, 2012 (Ejemplar dedicado a: «La hora de la integración»), pp. 214-262.

La CE ha singularizado el cuerpo electoral de las elecciones municipales, respecto del que ejerce el derecho de sufragio en las elecciones al Congreso de los Diputados, al Senado y a los parlamentos y asambleas de las comunidades autónomas. No se trata solo de lo previsto en el artículo 13.2 de la Constitución (la posibilidad de reconocer el derecho de sufragio a los extranjeros en las elecciones municipales) sino que, además, el artículo 140 de la Constitución establece que los concejales serán elegidos por los vecinos del municipio, mediante sufragio universal igual, libre, directo y secreto, en la forma establecida por la ley.

Cuestión distinta es que la regulación de la condición de elector, en las elecciones municipales, haya seguido miméticamente la establecida para las demás elecciones, y no haya tenido en cuenta esta singularidad. Así, han existido determinados vecinos (los extranjeros) que no han visto reconocido su derecho al sufragio en su municipio, salvo en el caso de los ciudadanos de estados de la UE y de Noruega, y existen, además, electores que tienen reconocido su derecho de sufragio en un municipio, aun cuando no sean vecinos del mismo[102].

En concreto, el artículo 17.5 de la Ley orgánica 7/1985, de 2 de abril, de bases del régimen local, prevé la atribución a los residentes en el exterior, inscritos en el padrón de españoles residentes en el exterior, de la condición de "vecinos del municipio español que figura en los datos de su inscripción únicamente a efectos electorales", y la Orden del Ministerio de Economía y Hacienda de 24 de abril de 1996 establece unos criterios para la inscripción en el censo electoral de residentes ausentes que, en algunos casos, son considerablemente artificiales, y ello solamente con el fin de hacer posible la participación en las elecciones de estos electores. Sin embargo, tratar este último tema, que conlleva un problema susceptible, incluso, de poner en duda la constitucionalidad del

---

[102]   Como señala CARRASCO DURÁN, M," El derecho de voto de los extranjeros en las elecciones municipales. Nuevas realidades", *Revista de la Fundación Democracia y Gobierno Local*, febrero 2010, p.153.

artículo 17.5 de la LBRL, queda fuera del alcance del presente artículo.

Defectuosa información sobre las condiciones materiales y formales necesarias para ejercitar el derecho de sufragio activo. Como ya se ha señalado en el presente trabajo, los ciudadanos extracomunitarios pueden ejercer el derecho de sufragio activo en las elecciones locales si un español puede ejercer idéntico derecho en el país de origen de éstos en virtud del principio de reciprocidad[103].

Para que el derecho pueda ser efectivo, se requiere como requisito previo e indispensable la inscripción en el censo electoral de extranjeros residentes en España (CERE), siendo mayor de dieciocho años —no estando privado del derecho de sufragio activo (causas recogidas en la Ley Orgánica del Régimen Electoral General)—, habiendo residido legalmente en España el tiempo requerido en el Acuerdo, y estando en posesión de la autorización de residencia en España.

Y es la condición previa de la inscripción la que dificulta la participación electoral. No por la inscripción como requisito legal en si misma —la misma que para los nacionales— sino por la falta de información sobre la citada exigencia, y la traslación de un mensaje que incida en la importancia de del ejercicio del derecho de sufragio como reconocimiento de una ciudadanía plena.

Tanto la Administración central (Oficina del Censo Electoral) y local (Ayuntamientos) como los partidos políticos, han realizado campañas informativas que, sin ningún género de dudas, no han redundado positivamente en la participación.

El envío de cartas informativas personalizadas realizado de cara a las elecciones de 2011 por parte de la Oficina del Censo Electoral a los ciudadanos comunitarios y extracomunitarios

---

[103] *Vid.* ARCE JIMÉNEZ, C, "Análisis de los tratados internacionales para el reconocimiento del derecho de sufragio local a personas extranjeras residentes en España que no ostentan la ciudadanía europea", *Op Cit.*

(350.287 a los ciudadanos extracomunitarios y 757.497 comunitarios), no surtieron el efecto deseado. Parece que la información personalizada en una carta a un tercio de los casi tres millones de ciudadanos que podían participar en las elecciones, es por un lado exigua, y por otro no influye en la participación.

La cuestión que se plantes es ¿por qué no se extendió esa información?, y también si la misma se debió haber acompañado de otras campañas informativas. Por otro lado, los partidos políticos han llevado a cabo otro tipo de campañas en el ámbito local que también han sido imperceptibles por la ciudadanía extranjera. La pregunta es si intuían que la participación sería baja y por eso no incidieron en la misma, o si por el contrario su mensaje no llegó por estar vacío de contenido o por ser limitado.

Factores socioeconómicos endógenos y exógenos. La integración de los ciudadanos comunitarios y extracomunitarios juega un papel esencial en la participación política de los mismos en los comicios.

Colectivos comunitarios, a primera vista más integrados, suponen un mayor grado de participación, como así lo demuestran sus inscripciones en el censo electoral (rumanos, británicos, italianos, alemanes y franceses). Y por consiguiente, con una menor participación, aquellos que no lo están en igual medida (ecuatorianos, colombianos, uruguayos y colombianos). Sin embargo, hay que señalar el número potencial de votantes de estos colectivos (en torno a los 700.000) no se ha traducido en una participación considerable a lo largo de estos años.

Los motivos son de carácter socioeconómico y podemos encontrarlos en la integración de los colectivos en la sociedad de acogida, por un lado, como factor endógeno de primer orden, y por otro en la crisis económica y las políticas sobre inmigración, como elemento exógeno que afecta a los citados ciudadanos.

En lo que respecta al primero, la inserción de estos colectivos en la sociedad suele producirse de manera dramática. La decisión de trasladarse a un país que no es el suyo como consecuencia de la situación económica que viven en su país de origen, supone un shock social, familiar, y personal que influye psicológicamente en el individuo.

La búsqueda de un trabajo —generalmente no cualificado—, el paro, unas costumbres distintas, la residencia en lugares depauperados socialmente, el racismo, etc. Pueden ser factores que redundan negativamente en la integración. Y a menor integración, menor consideración personal y social, y por ende, menor participación en todos los sentidos[104].

En lo que respecta a los componentes exógenos, la crisis económica es un factor muy a tener en cuenta en lo que a la percepción que tienen los nacionales sobre el papel que la inmigración juega en la situación económica actual. Y esa percepción repercute en su integración, y por consiguiente en su participación ciudadana.

El término problema se utiliza con frecuencia cuando ser refieren a ellos, y en las encuestas se les acusa de ser culpables en el aumento de la tasa de desempleo y la bajada de salarios, al verles como competidores con salarios inferiores, siendo sólo el 17% de los encuestados favorables a la inmigración en el desarrollo económico del país, estando el 75% de la población encuestada conforme con las afirmaciones negativas sobre la incidencia de la inmigración en el mercado de trabajo.

Pero, por otro lado, también el porcentaje de la tasa de paro ha aumentado en el colectivo inmigrantes (28,34% en los extranjeros no comunitarios, por 17,93% en los nacionales. 2009), lo que acentúa su exclusión social como colectivo y su posible participación política. Es decir, tanto la sociedad de acogida como el propio inmigrante perciben a su colectivo como un problema en el contexto actual de crisis económica.

---

[104] *Vid.* Por ejemplo la manera en la que explica esta relación por BLAZQUEZ CUESTA, M. y HERRARTE SANCHEZ, A, *Inmigración y mercado de trabajo: Informe 2016*, Ministerio de Empleo y Seguridad Social, 2017.

Y también las políticas de integración en los últimos años no han contribuido a la pacificación de la inmigración como fenómeno consustancial en la sociedad actual[105]. Los partidos políticos con responsabilidad de gobierno en todos los ámbitos de la administración (central, autonómica, y local) han elaborado políticas sobre inmigración de dudosa constitucionalidad, con vaivenes respecto a la regulación de la estancia, el retorno, o los centros de internamiento[106].

Con mensajes alarmistas de llegada masiva de inmigrantes a nuestro país, o con declaraciones utilitaristas de los citados colectivos como mano de obra barata en el mercado de trabajo. Todo ello es recibido por los inmigrantes como rechazo, utilización, y en definitiva, falta de integración, y comienza a servir de caldo de cultivo para el nacimiento y posterior reconocimiento electoral, de partidos xenófobos.

No obstante, es justo señalar, que las políticas de integración encuentran excepciones y tienen loables intentos de mejorar la integración y la participación ciudadana, pero que se antojan insuficientes en lo que respecta a la baja participación electoral en los pasados comicios, por lo que deberían incidir más en ese aspecto.

---

[105] *Vid.* El estudio: La integración de los inmigrantes en España: una propuesta de medición a escala regional, promovido por el Observatorio Permanente de la Inmigración y disponible en https://extranjeros.inclusion.gob.es/es/ObservatorioPermanenteInmigracion/Publicaciones/fichas/publicacion_30.html, consultado el 11/11/2023.

[106] *Vid.* Informe sobre la Integración de la población extranjera en el mercado laboral español, elaborado por el Observatorio Español de Racismo y Xenofobia, disponible en https://www.inclusion.gob.es/oberaxe/es/publicaciones/documentos/documento_0141.htm, consultado el 21/11/2023.

VI. Conclusiones

Primera.—La extensión del derecho al voto de los extranjeros residentes legales es un ladrillo más en el muro de la integración. La inmigración está poniendo a prueba la cohesión social en la sociedad española. Sin embargo, el fenómeno migratorio incide en todo el espacio europeo, con diferencias acusadas en cada uno de los Estados miembros; cada país se encuentra ante escenarios migratorios diferentes y adopta estrategias políticas para afrontarlos también diferentes, lo que hace que encontrar un compromiso común sea una tarea más difícil de lo que pensamos.

La inmigración no es un fenómeno sencillo: no existe una política de inmigración perfecta, ni es probable que exista en el futuro, pero, eso sí, la puesta en marcha de cualquier medida en materia de inmigración, si queremos que ésta se convierta en un bien público debe permitir abordar la inmigración como una oportunidad en vez de como un problema.

La Administración local es la más cercana al ciudadano, la que conoce de primera mano sus dificultades porque que trabaja día a día con ellos. Por tanto, su labor es clave en lo relativo a las políticas sociales. El inmigrante ha de sentirse acogido por la sociedad, por el entorno más inmediato.

Sin duda, para integrar la diversidad y facilitar la formación de una verdadera sociedad multicultural, es necesario un proceso de adaptación y acoplamiento mutuo, tanto de los inmigrantes, como de toda la sociedad de acogida. Este proceso está conformado por un conjunto de factores, tales como el reconocimiento del otro como portador de símbolos iguales a los de la sociedad de acogida, el reconocimiento de la persona como centro del Derecho, o la desvinculación de la participación política en nuestra sociedad del concepto de ciudadanía. Se hace necesaria la participación activa de todas las partes involucradas.

La sociedad española no puede esperar, de forma absoluta, que los inmigrantes se comprometan en firme a integrarse en la sociedad y a aceptar sus valores fundamentales, por imperativo legal.

Segunda.—Reconocimiento limitado del derecho al voto de los ciudadanos extracomunitarios en las elecciones municipales. La CE de 1978 configura un diferente estatuto legal a los extranjeros en lo que ejercicio de sufragio se refiere. En la práctica, la reciprocidad necesita del compromiso de dos Estados en el reconocimiento de derechos en régimen de igualdad y se transforma en imposibilidad real de ejercicio de un derecho de naturaleza política y participativa, bien por tratarse de países en los que la firma del convenio resulta a todas luces imposible (Estados no democráticos de Derecho), o bien por que la mera firma del convenio no es suficiente, requiriendo la prestación del consentimiento y la posterior ratificación. Junto a ello la virtualidad práctica de la reciprocidad necesita de una extensión considerable en la firma de tratados y la verificación de que los efectos legales de la misma se aplican en ambos países.

El ejercicio del derecho de sufragio activo y pasivo en su máxima expresión —a imagen y semejanza de los ciudadanos comunitarios—, requiere, tal y como se desprende de la legislación en materia de extranjería y las proposiciones no de Ley parlamentarias y de la realidad social de nuestro país, el firme compromiso a través de un pacto de Estado entre los principales políticos en pro de una reforma constitucional a través del procedimiento sencillo (no agravado) que elimine el requisito de la reciprocidad y traslade a las legislaciones electorales y de extranjería, idéntica reforma. Todo ello, sin la vista puesta únicamente en los réditos electorales que tal medida puede causar, sino en la justicia social y en la integración de todos los ciudadanos que conviven en un país, con independencia de su nacionalidad.

Las intenciones del Gobierno son muy loables pero la efectividad real de estas medidas debe ser puesta en duda: a) por un lado, si se promueve el derecho al voto a través del principio de reciprocidad, se estaría reconociendo el derecho al voto de los inmigrantes basándose en criterios preferenciales, tales como el número de inmigrantes o intereses políticos y/o económicos. La reciprocidad excluye inmigrantes procedentes de países con regímenes no democráticos y de países que prohíben a sus ciudadanos votar fuera del país...pero, que residen aquí.

La reciprocidad genera una serie de contradicciones y agravios. Los ciudadanos de unos países —como es el caso de los comunitarios— podrán votar y a la vez ser candidatos; es decir, aspirar a ser concejales o alcaldes. En cambio, los de algunos otros países con quienes se firmen Acuerdos de reciprocidad podrán votar, pero en ningún caso estar en las listas.

El resto —nacionales de Estados cuyas leyes limitan el voto a los nacionales y los de Estados no democráticos (personas que provienen de países con los que el Gobierno español actualmente no puede firmar ese tipo de acuerdos, sencillamente porque sus gobiernos no tienen interés prioritario en reconocer derechos políticos a los escasos residentes españoles, o porque su legislación expresamente prevé lo contrario (es el caso, p. ej., de Marruecos o China) ni tan siquiera podrán votar.

La reciprocidad, establecida caso por caso (vía Acuerdos internacionales), da lugar a una pluralidad de regímenes jurídicos entre los propios extranjeros, sea cual sea su nacionalidad, en el reconocimiento del derecho al sufragio.

El mecanismo de reciprocidad provoca desigualdades entre los diferentes grupos de inmigrantes, además de complejidades jurídicas, debido a las diferencias entre los regímenes jurídicos, incluso cuando los acuerdos de reciprocidad han sido firmados: a) el reconocimiento del derecho al voto queda limitado, en todo caso, al sufragio activo, imposibilitando a los ciudadanos extracomunitarios en cuestión la posibilidad de presentarse como candidatos en los procesos electorales municipales; b) en ningún caso, nos planteamos la extensión del derecho al voto a otras elecciones que no sean las municipales; y, c) finalmente, la articulación del catálogo de condiciones para el ejercicio del derecho al voto en las elecciones municipales españolas por parte de los ciudadanos extracomunitarios nacionales de los Estados en cuestión (autorización de residencia en España + residencia de 3 a 5 años + inscripción en el padrón municipal + inscripción en el censo electoral de extranjeros residentes en España) convierten el ejercicio de este derecho, sin duda en *misión imposible.*

En definitiva, el condicionamiento del derecho al voto a la reciprocidad puede, en unos casos, hacer imposible su ejercicio y, en otros, lo puede convertir en algo muy improbable.

¡Qué paradoja!...Con el Código Civil en la mano, puede ser más rápido obtener la nacionalidad española con todos los derechos que ello conlleva, que beneficiarse de esta concesión del derecho al voto en las elecciones municipales. La propuesta de firmar acuerdos de reciprocidad servirá de muy poco si se exige para votar un periodo de residencia en España de entre 3 y 5 años, pues en dicho periodo el extranjero (en algunos casos), si lo desea, podría haber obtenido antes la nacionalidad española.

Tercera.—Búsqueda de consenso social, político y parlamentario. Sin duda, se hace necesario por parte de Gobierno alcanzar un sólido acuerdo con la totalidad de las fuerzas políticas con representación parlamentaria —o, cuanto menos, con el principal partido de la oposición— a fin de avanzar en la extensión del derecho al voto a los ciudadanos extracomunitarios, para evitar que la incorporación al censo de varios cientos de miles de estos nuevos electores extranjeros sea un motivo más de confrontación política.

Tarde o temprano el derecho de sufragio se extenderá a todos los extranjeros residentes en España, si la finalidad última de las fuerzas políticas en España es la integración social y política de éstos; pero, mientras llega, el actual marco normativo debe venir acompañado, sin ninguna duda, del necesario consenso social, político y parlamentario.

Cuarta.—El reconocimiento del derecho al voto a los ciudadanos extracomunitarios en las elecciones municipales requiere de una reforma legislativa. Si de verdad queremos apostar por el principio de democracia y hacer partícipes a los extranjeros residentes legales en los procesos electorales la reforma legislativa es la única solución[107].

Si bien, a corto plazo, podríamos optar por el reconocimiento del derecho al voto a los extranjeros residentes legales en España por ley, o seguir optando por la vía del Tratado (reciprocidad). La adopción de este tipo de Tratados requiere de la voluntad política y del entusiasmo e interés del Gobierno de turno. A medio o largo plazo, se necesitaría una reforma constitucional porque sin ella la única manera de dar derecho a voto es firmar acuerdos de reciprocidad[108].

Ahora bien, hasta que reformemos la CE, firmemos acuerdos bilaterales de reciprocidad. Vayamos abriendo la puerta al derecho al voto. Pero como no podemos firmar acuerdos con todos los países de los que vienen inmigrantes, reformemos la Constitución

---

[107] *Vid.*, en sentido contrario, y, en nuestra opinión, de forma errónea, MARTÍNEZ PUJALTE, A.L., *Los sistemas electorales españoles: Evaluación y propuestas de reforma*, Dykinson, Madrid, 2010, p. 125.

[108] VACAS FERNÁNDEZ plantea otra solución (difícil de materializar, a nuestro entender, atendiendo a la jurisprudencia de nuestro Tribunal Constitucional —STC 236/2007, de 7 de noviembre de 2007—): "interpretar de forma laxa la exigencia de reciprocidad del artículo 13.2: en el sentido de que no sería una «reciprocidad» absoluta o de resultado, sino que la exigencia del 13.2 se cumpliría con un mero compromiso de reciprocidad genérica, casi de intención, de las partes". *Vid.* VACAS FERNÁNDEZ, F., "El principio de reciprocidad como condición del reconocimiento del derecho al sufragio de extranjeros en las elecciones municipales en España y sus implicaciones desde el Derecho Internacional", *Revista de Derecho Migratorio y Extranjería*, N°. 20, 2009, p. 92.

y dejemos a un lado la reciprocidad como principio nuclear[109], para que todos los inmigrantes residentes en España, tengan también derecho a votar y a ser votados en las elecciones.

Ha llegado la hora de una reforma legislativa, si no se quiere, de momento, *revolucionaria o maximalista* (= supresión de todo el párrafo segundo del artículo 13 de la CE)[110], al menos de una *suave y minimalista* (= reforma del art. 13.2 de la CE: "la simple supresión de la exigencia de reciprocidad, de modo que los extranjeros puedan votar en las elecciones municipales de acuerdo con las condiciones que establezca la ley electoral")[111].Dicha reforma constitucional no implicaría directamente la concesión del derecho al voto de cualquier tipo de extranjero; simplemente,

---

[109]   Sin duda alguna, "la exigencia constitucional de reciprocidad se ha convertido en el límite que más constriñe la extensión del derecho de sufragio a los extranjeros". *Vid.* AJA, E. y MOYA, D. "El derecho de sufragio de los extranjeros residentes", en AJA, E.; ARANGO, J. y OLIVER ALONSO, J. (ed.), *La inmigración en la encrucijada* (Anuario de la Inmigración en España, Edición 2008), Barcelona: CIDOB, 2008, p. 73; además, "el art. 13, 2° de la Constitución impone férreos o severos límites, la reciprocidad". *Vid.*, en sentido amplio, CHUECA SANCHO, Á.G. y AGUELO NAVARRO, P., "El derecho de voto de los extranjeros en España en perspectiva europea", en *Documentos CIDOB Migraciones,* 2009, N°. 19, p. 36.

[110]   VACAS FERNÁNDEZ plantea "la reforma del artículo 13.2 de la Constitución, bien de manera parcial, eliminando la condición de reciprocidad o, incluso, suprimiendo todo el párrafo segundo: lo primero solucionaría los problemas derivados del principio de reciprocidad y para el caso únicamente de las elecciones municipales porque haría depender el reconocimiento del derecho únicamente de la voluntad de España. La segunda opción extendería dicha posibilidad a todas las elecciones". *Vid.* VACAS FERNÁNDEZ, F. "El principio de reciprocidad como condición del reconocimiento del derecho al sufragio de extranjeros en las elecciones municipales en España y sus implicaciones desde el Derecho Internacional", *Op. Cit.* 92.

[111]   *Vid.* AJA, E.; ARANGO, J. y OLIVER ALONSO, J. (ed.), *La inmigración en la encrucijada* (Anuario de la Inmigración en España, Edición 2008, Barcelona: CIDOB, 2008, p. 79.

eliminaría la prohibición expresa del art. 13.2 de la CE, y, en consecuencia, el derecho al voto podría extenderse a los extranjeros *residentes* en España[112].

Quinta.—Nacionalidad *vs.* Residencia como fundamentos del derecho al voto. Sin duda alguna, mientras exista el Estado nacional, el sufragio deberá ir vinculado a la pertenencia pueblo-nación, de forma que sea la nacionalidad y no la residencia el fundamento del derecho al voto; pero, esto puede cambiar, debemos abogar porque el criterio de pertenencia al pueblo debe ser la residencia y no la nacionalidad.

La apuesta por la reciprocidad es una apuesta poco valiente, ya que el aumento del electorado inmigrante será mínimo[113]. Es más, la reciprocidad implica que el derecho al voto quede condicionado al lugar de nacimiento de una persona, de forma que el

---

[112] Sin duda, "es de desear, pues, de *lege ferenda*, la reforma del art. 13.2 CE sea más amplia, sin restricciones innecesarias. Y así podría decir: "Los extranjeros podrán ser titulares de los derechos reconocidos en el art. 23, en virtud de lo dispuesto en tratado o ley". *Vid.*, IBÁÑEZ MACÍAS, A. *El derecho de sufragio de los extranjeros*, Cuadernos "Bartolomé de las Casas", N° 46, Dykinson, Madrid, 2009, p. 82.

[113] De ahí que consideremos que "la exigencia de la reciprocidad constituye un gran obstáculo para el reconocimiento del sufragio de los extranjeros". *Vid.* GARCÍA SORIANO, M. V. "Sobre la viabilidad de la participación política de los extranjeros en las elecciones municipales", en *Cuadernos Constitucionales de la Cátedra Fadrique Furió Ceriol*, 2007, N°. 60/61, p. 264; es más, "la presencia del principio de reciprocidad en el artículo 13.2 aboca, como hemos visto, a un proceso, largo y complejo, de negociaciones bilaterales para adoptar tratados en la materia basados en la reciprocidad, y que, de antemano, podemos afirmar ya que imposibilitará extender el derecho de voto de forma general a todos los inmigrantes residentes regulares en España.
La realidad, jurídica y política, limitará su extensión básicamente a los nacionales de algunos Estados latinoamericanos". *Vid.* VACAS FERNÁNDEZ, F. "El principio de reciprocidad como condición del reconocimiento del derecho al sufragio de extranjeros en las elecciones municipales en España y sus implicaciones desde el Derecho Internacional", *Op.Cit.* p. 94.

hecho de residir de forma estable en España no es determinante, porque no da derecho a formar parte de la comunidad política: este derecho está condicionado por unos acuerdos internacionales (reciprocidad) que son ajenos a la situación de las personas que han acreditado mediante su residencia legal y continuada; su voluntad no sólo es de estar sino de permanecer, participar y de que se cuente con ellos y se les escuche en los foros donde se decide el futuro de todos (incluso de ellos mismos)[114].

Sexta.—El reconocimiento del derecho al voto a los ciudadanos extracomunitarios en las elecciones municipales requiere de una reforma legislativa. Si de verdad queremos apostar por el principio de democracia y hacer partícipes a los extranjeros residentes legales en los procesos electorales la reforma legislativa es la única solución.

Si bien, a corto plazo, podríamos optar por el reconocimiento del derecho al voto a los extranjeros residentes legales en España por ley, o seguir optando por la vía del Tratado (= reciprocidad). La adopción de este tipo de Tratados requiere de la voluntad política y del entusiasmo e interés del Gobierno de turno.

A medio o largo plazo, se necesitaría una reforma constitucional porque sin ella la única manera de dar derecho a voto es firmar acuerdos de reciprocidad. Ahora bien, hasta que reformemos la CE, firmemos acuerdos bilaterales de reciprocidad. Vayamos abriendo la puerta al derecho al voto. Pero como no podemos firmar acuerdos con todos los países de los que vienen inmigrantes, reformemos la Constitución y dejemos a un lado la reciprocidad como principio nuclear, para que todos los inmigrantes residentes en España, tengan también derecho a votar y a ser votados en las elecciones.

---

[114]   *Vid.*, en el mismo sentido, BACAZZO, E. "Los derechos políticos de las personas inmigradas y la lógica de la reciprocidad", N°. 74 (20 marzo-2 abril 2008), disponible en http://diagonalperiodico.net/spip.php?article5660&var_recherche=Edoardo%20, consultada el 16/01/2024.

Ha llegado la hora de una reforma legislativa, si no se quiere, de momento, *revolucionaria o maximalista* (= supresión de todo el párrafo segundo del artículo 13 de la CE), al menos de una *suave y minimalista* (= reforma del art. 13.2 de la CE: "la simple supresión de la exigencia de reciprocidad, de modo que los extranjeros puedan votar en las elecciones municipales de acuerdo con las condiciones que establezca la ley electoral").Dicha reforma constitucional no implicaría directamente la concesión del derecho al voto de cualquier tipo de extranjero; simplemente, eliminaría la prohibición expresa del art. 13.2 de la CE, y, en consecuencia, el derecho al voto podría extenderse a los extranjeros *residentes* en España.

En definitiva, hoy más que nunca, "si se quiere de verdad tomar en serio el derecho de sufragio de los inmigrantes en España, resulta inexcusable la reforma, de nuevo, del artículo 13.2 de la Constitución, para devolver a España del siglo XIX, donde nos mantiene anclado el principio de reciprocidad, al momento actual de desarrollo del Derecho Internacional; donde las personas ya no son meros objetos pertenecientes al elemento población del Estado del que son nacionales, sino que, bien al contrario, e independientemente del Estado del que sean nacionales, son, por sí mismas, titulares de derechos"[115].

Debemos superar viejos corsés y apostar firmemente por la extensión de los derechos políticos a los extranjeros, por su participación en la vida política. Es la residencia legal y continuada —y no la nacionalidad— lo que realmente importa a la hora de elegir a los representantes.

---

[115] *Vid.* VACAS FERNÁNDEZ, F., "El principio de reciprocidad como condición del reconocimiento del derecho al sufragio de extranjeros en las elecciones municipales en España y sus implicaciones desde el Derecho Internacional" en *Revista de derecho migratorio y extranjería*, N°. 20, 2009, p. 95.

VII. Bibliografía consultada

ADAM MUÑOZ, M. ª D. y BLÁZQUEZ RODRÍGUEZ, I., *Nacionalidad, extranjería y ciudadanía de la Unión Europea*, Colex, Madrid, 2005.

AJA, E.; ARANGO, J. y OLIVER ALONSO, J. (ed.), *La inmigración en la encrucijada* (Anuario de la Inmigración en España, Edición 2008, Barcelona: CIDOB.

AJA, E. y DÍEZ BUESO, L., "La participación política de los inmigrantes", *Revista Bimensual de Pensamiento Social. La factoría*, núm. 10, p. 6, disponible en http://www.revistalafactoria.eu/articulo.php?id=141

ALÁEZ CORRAL, B., "Nacionalidad y ciudadanía: Una aproximación histórico-funcional", en *Revista Electrónica de Historia Constitucional* No. 6, 2005, disponible en, *http://hc.rediris.es/06/articulos/html/Numero06.html?id=02*,

ALARCÓN REQUEJO, J., "Derechos políticos de los latinoamericanos en España y participación en elecciones locales", en ESCRIVÁ, A., BERMÚDEZ, A. y MORAES, N., *Migración y participación política*, Madrid: CSIC, 2009, pp. 45-64.

ALÁEZ CORRAL, B., *Nacionalidad, ciudadanía y democracia. ¿A quién pertenece la Constitución?*, Centro de Estudios Políticos y Constitucionales, Tribunal Constitucional, Madrid, 2006.

ANDRÉS, H., "El derecho de voto de los extranjeros en el mundo", en *Revista de Derecho Migratorio y Extranjería*, Nº. 18, 2008, pp. 9-43.

BACAZZO, E., "Los derechos políticos de las personas inmigradas y la lógica de la reciprocidad", Nº. 74 (20 marzo-2 abril 2008), disponible en http://diagonalperiodico.net/spip.php?article5660&var_recherche=Edoardo%20,

BENHABIB, S., *Los derechos de los otros. Extranjeros, residentes y ciudadanos*, Gedisa, Barcelona 2005.

BLAZQUEZ CUESTA, M. y HERRARTE SANCHEZ, A, *Inmigración y mercado de trabajo: Informe 2016*, Ministerio de Empleo y Seguridad Social, 2017.

CARRASCO DURÁN, M," El derecho de voto de los extranjeros en las elecciones municipales. Nuevas realidades", *Revista de la Fundación Democracia y Gobierno Local*, Febrero 2010.

CHUECA SANCHO, Á.G. y AGUELO NAVARRO, P., "El derecho de voto de los extranjeros en España en perspectiva europea", en *Documentos CIDOB Migraciones*, 2009, Nº. 19.

CLOSA, C., "Citizenship of the Union and nationality of member States", *Common Market Law Review*, vol. 32, núm. 2, 1995.

DE ASÍS ROIG, R., "La participación política de los inmigrantes. Hacia una nueva generalización de los derechos", en AA.VV.AA., *Derechos fundamentales, valores y multiculturalismo*, Dykinson, Madrid, 2005.

DE LUCAS MARTÍN, J. y AÑÓN ROIG, M.J. y otros, *Los derechos de participación como elemento de integración de los inmigrantes*, Fundación BBVA, Bilbao, 2008.

DE LUCAS, J.,"La ciudadanía basada en la residencia y el ejercicio de los derechos políticos de los inmigrantes", *Cuadernos Electrónicos de Filosofía del Derecho*, núm. 13.

DE LUCAS, J. y DÍEZ BUESO, L., *La integración de los inmigrantes*, Centro de Estudios Políticos y Constitucionales, Madrid, 2006, disponible en http://www.uv.es/cefd/13/delucas.pdf; consultado el 25/01/2024.

DELGADO GODOY, L., "La inmigración en Europa: realidades y política", Unidad de Políticas Comparadas, CSIC, Documento de Trabajo 02-18, 2008, disponible en http://www.iesam.csic.es/doctrab2/dt-0218.pdf, consultado el 25/01/2024

DUQUE SILVA, G. "El voto inmigrante: El reconocimiento de derechos políticos a los extranjeros en España", en SAN MIGUEL PÉREZ, E. (Coord.), *Las exigencias del estado de Derecho Contemporáneo: Ciudadanía, derechos humanos y migraciones*, Aranzadi, Navarra, 2022, pp. 159-190.

DURÁN AYAGO, A. "Ciudadanía democrática vs. identidad nacional: los derechos políticos de los extranjeros en España", *Revista Castellano-Manchega de Ciencias Sociales*, Nº 19, 2015, pp. 85-101.

DURÁN MUÑOZ, R. y MARTÍN MARTÍNEZ, M. Mª, *La integración política de los inmigrantes. La vía de sufragio*, Dykinson, Madrid, 2008.

DURÁN MUÑOZ, R.; MARTÍN MARTÍNEZ, M. Mª y RODRÍGUEZ, Á., *La participación política de los extranjeros: estado de la cuestión*, Documento de Trabajo Serie Jurídico-Político JP2007/01, Sevilla: Fundación Centro de Estudios Andaluces.

ECHEZARRETA FERRER, M. "La residencia habitual como criterio de determinación de la competencia judicial internacional en las relaciones civiles transfronterizas", en. ECHEZARRETA FERRER, M. (Coord.) *La residencia de los gerontoinmigrantes: Derechos y obligaciones de los jubilados extranjeros en los lugares europeos de retiro*, Tirant lo Blanch, Valencia, 2016, pp. 239-280.

FERRER PEÑA, R. M. *Los derechos de los extranjeros en España*, Tecnos, Madrid, 1989.

FLORES JUBERÍAS, C. y TENT A. "La extensión del derecho al sufragio de los extranjeros en España: ¿reforzando la igualdad o reinventando la ciudadanía?", en CONEJERO PAZ, E. y ORTEGA GIMÉNEZ, A. (Dirs.), *Inmigración, integración, medicación intercultural y participación ciudadana*, Club Universitario, Alicante: Editorial Club Universitario, 2010, pp. 161-195.

FONT FÁBREGAS, J., *Instrumentos y mecanismos para la participación ciudadana*, Valencia: Alfa Delta Digital, 2006.

GANUZA FERNÁNDEZ, E., "La participación ciudadana en el ámbito local europeo", en *Revista de Estudios Europeos* N°. 38, 2004, pp. 77-91.

GARCÍA SORIANO, M. V. "Sobre la viabilidad de la participación política de los extranjeros en las elecciones municipales", *Cuadernos Constitucionales de la Cátedra Fadrique Furió Ceriol*, núm. 60-61, pp. 259-272.

IBÁÑEZ MACÍAS, A., *El derecho de sufragio de los extranjeros*, Cuadernos "Bartolomé de las Casas", N° 46, Dykinson, Madrid, 2009.

LASAGABASTER HERRARTE, I. "Reciprocidad y derechos fundamentales: en especial el derecho de voto de los extranjeros", *Revista Vasca de Administración Pública*, N° 85, Diciembre 2009, pp.57-81.

LOZANO GARCÍA, J.L. *Derecho de sufragio de los extranjeros en las elecciones locales*. Memoria monográfica del curso selectivo de formación de secretarios de Embajada (1990-1991), Escuela Diplomática, Madrid, 1991.

MARTÍNEZ PUJALTE, A. L., *Los sistemas electorales españoles: Evaluación y propuestas de reforma*, Dykinson, Madrid, 2010.

MASSÓ GARROTE, M., *Los derechos políticos de los extranjeros*, Colex, Madrid, 1997.

MASSÓ GARROTE, M. F, "Aspectos políticos y constitucionales sobre la participación electoral de los extranjeros en el Estado nacional", *Revista de Estudios Políticos*, N°. 97,1997, pp. 159-194.

MORENO BLESA, L. "Artículo 6. Participación política", en CAMPO CABAL, J.M, (coord.), *Comentarios a la Ley de Extranjería (Ley Orgánica 4/2000 reformada por la Ley Orgánica 8/2000*, Civitas, Madrid, 2001.

MOYA MALAPEIRA, D. "Regulación del derecho de sufragio de los extranjeros en España y los mecanismos alternativos de participación política", en D. MOYA MALAPEIRA D. y VIÑAS FERRER, A. (eds.), *Sufragio y participación política de los extranjeros extracomunitarios en Europa*, Fundació Carles Pi i Sunyer, Barcelona, 2010.

MATIA PORTILLA, F. J. (Dir.) y AA.VV, *Pluralidad de ciudadanías, nuevos derechos y participación democrática*, Centro de Estudios Políticos y Constitucionales, Madrid, 2011.

NARANJO DE LA CRUZ, R. "El derecho al voto de los extranjeros no comunitarios en las elecciones municipales: reciprocidad, ciudadanía y condiciones de ejercicio del derecho", *Revista Europea de Derechos Fundamentales*, Primer Semestre, 2016, Nº 27, pp.329-353

OLIVÁN LÓPEZ, F., *Constitución y extranjería*, Dykinson, Madrid, 2004, pp. 123-156.

OLIVETTI, M., Cuestiones sobre nacionalidad y ciudadanía", en BAEZ SILVA, C. y RIOS VEGA, E. (Edit. lit.) y AA.VV. *Ciudadanía, derechos políticos y justicia electoral en México: Memoria del IV Seminario Internacional del Observatorio Judicial Electoral,* Marcial Pons, Madrid, 2013.

ORTEGA GIMÉNEZ, Alfonso, *Código Universitario de Derecho Internacional Privado. Tomos I y II,* Boletín Oficial del Estado, Madrid, 2023.

ORTEGA GIMÉNEZ, A. y HEREDIA SÁNCHEZ, L. S., "El derecho al voto de los extranjeros en las elecciones municipales españolas. ¿Integración o interés?", en *Anuario Mexicano de Derecho Internacional*, vol. VIII, 2008, pp. 587-598.

ORTEGA GIMÉNEZ, A., "El derecho al voto en las elecciones municipales de los extranjeros en España", en GARCÍA SANSANO, J.; GONZÁLEZ GARCÍA, E.; LAGO MORALES, I. y RUBIO SÁNCHEZ, R. (Coords.) *Tiempos oscuros, décadas sin nombre,* ACMS, 2014, pp. 594-610.

ORTEGA GIMÉNEZ, A., *El derecho al voto de los ciudadanos extracomunitarios en las próximas elecciones municipales españolas de 2011,* Fundación Alternativas, Madrid, 2011, pp. 19-20, disponible en http://www.almendron.com/politica/pdf/2011/9187.pdf; consultado el 30/11/2023.

ORTEGA GIMÉNEZ, A.; LÓPEZ ÁLVAREZ, A. Y CANO ESQUIBEL, M. J, "A vueltas con la integración del inmigrante: la extensión del derecho al voto de los ciudadanos extranjeros en España»", Actas del III Congreso anual de la REPS Los actores de las políticas sociales en contextos de transformación., 2011, texto disponible en: http://www.unavarra.es/digitalAssets/149/149682_1000003.1_Ortega_ DerechoVotoExtranjeros.pdf; consultado el 30/11/2023.

ORTEGA GIMÉNEZ, A (Dir.), HEREDIA SANCHEZ, L. y LORENTE MARTÍNEZ, I., *Práctica del Derecho de la Nacionalidad y de la Extranjería en España,* Sepin, Madrid 2021.

PAUNER CHULVI, C. "Reflexiones constitucionales sobre la propuesta limitativa del derecho de sufragio activo de los emigrantes: apéndice sobre el voto emigrante en las elecciones municipales y autonómicas en la Comunidad Valenciana de 27 de mayo de 2007", *Corts: Anuario de derecho parlamentario*, N°. 19, 2007, pp. 177-220.

PÉREZ ALBERDI, M. R. *El derecho fundamental a participar en los asuntos públicos*, Congreso de los Diputados, Madrid, 2013.

PRESNO LINERA, M. A. *El derecho al voto*, Tecnos, Madrid, 2003.

PÉREZ VERA, E. y ABARCA JUNCO, P. "Artículo 13.2", en ALZAGA VILLAAMIL, O. (Dir.) *Comentarios a la Constitución Española de 1978*, Tomo II, Cortes Generales, EDERSA, Madrid, 1997.

PRESTO LINERA, M.A, *Elecciones municipales y gobierno local (Doctrina Constitucional y de la Junta Electoral Central)*, Prontuario Elecciones, Universidad de Oviedo, 2004

RIUS SANT, X., *El libro de la inmigración en España. Historia, legislación, política y debate social desde el franquismo hasta nuestros días*, Almuzara, Córdoba, 2007.

RODRÍGUEZ-DRINCOURT ÁLVAREZ, J., *Los derechos políticos de los extranjeros*, Universidad de Las Palmas de Gran Canaria, Civitas, Madrid, 1997.

RUBIO CASTRO, A. y MOYA ESCUDERO, M., "Nacionalidad y ciudadanía: una relación a debate", *Anales de la Cátedra Francisco Suárez*, 37 (2003), pp.105-153.

RUIZ CAHORRO, L., "La participación de los extranjeros en la esfera pública", en BALARDO RUIZ-GALLEGOS, Manuel (Dir.), *Inmigración, Estado y Derecho: perspectivas desde el siglo XXI*, Bosch, Barcelona, 2008, pp. 125-128.

SAGARRA TRÍAS, E., "Los derechos políticos de los extranjeros en España: Derecho de sufragio activo y pasivo en las elecciones municipales", en *Inmigración, Estado y Derecho*, Manuel Balado (Dir.), Bosch, Barcelona, 2008, pp. 321-344.

SAGARRA TRÍAS, E., *La legislación sobre extranjería e inmigración: una lectura. Los derechos fundamentales de los extranjeros en España*, Universitat de Barcelona, Barcelona, 2002.

SÁNCHEZ JIMÉNEZ, M. A, "El impulso del reconocimiento del derecho de sufragio de los inmigrantes a través de la vía legislativa", en SÁNCHEZ LORENZO, Sixto (Ed.), *La integración de los extranjeros: un análisis transversal desde Andalucía*, Atelier, Barcelona, 2009, pp. 323-365.

SANTOLAYA MACHETTI, P. y DÍAZ CREGO, M., *El sufragio de los extranjeros. Un estudio de Derecho comparado*, Madrid: Centro de Estudios Políticos y Constitucionales, 2008.

SANTOLAYA MACHETTI, P. y REVENGA SÁNCHEZ, M., *Nacionalidad, extranjería y derecho de sufragio*, Madrid: Centro de Estudios Políticos y Constitucionales, 1997.

SARTORI, G., *La sociedad multiétnica*, Taurus, Madrid, 2001.

VACAS FERNÁNDEZ, F., "El principio de reciprocidad como condición del reconocimiento del Derecho al sufragio de extranjeros en las elecciones municipales en España y sus implicaciones desde el Derecho Internacional", en *Revista de Derecho Migratorio y Extranjería* N°. 20, 2009, pp. 267-290.

VACAS FERNÁNDEZ, F. *El reconocimiento del derecho al sufragio de los extranjeros en España: un análisis desde el Derecho Internacional*, Instituto de Derechos Humanos Bartolomé de las Casas, Universidad Carlos II de Madrid, Dykinson, Madrid, 2011.

VIDAL FUEYO, Mª.C, "La conveniencia de ampliar la reforma constitucional más allá de los cuatro bloques de materias propuestos por el Gobierno", en VERA SANTOS, J. M. y DÍAZ REVORIO, J.F. (coords.), *La reforma estatutaria y constitucional*, La Ley, Madrid, 2009, pp. 779-787.

VIDAL FUEYO, Mª. C. *Constitución y extranjería. Los derechos fundamentales de los extranjeros en España*, Centro de Estudios Políticos y Constitucionales, Madrid, 2002.

VIII. Webgrafía consultada

- Consejo de Estado:
  http://www.consejo-estado.es
- Excmo. Colegio Oficial de Graduados Sociales de Alicante-Oficina Única de Extranjeros de Alicante:
  http://www.consultor.com/oue/
- Instituto Nacional de Estadística (INE):
  http://www.ine.es
- Portal Migrar con Derechos:
  http://www.migrarconderechos.es
- Ministerio del Interior:
  http://www.mir.es
- Ministerio de Justicia:
  http://www.mjusticia.es
- Ministerio de Trabajo e Inmigración-Secretaría de Estado de Inmigración y Emigración:
  http://extranjeros.mtas.es
- Observatorio Permanente de la Inmigración:
  https://extranjeros.inclusion.gob.es/es/ObservatorioPermanenteInmigracion/index.html

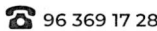